子ども未来がっこう 主宰
齋藤直美

「潜在意識」が子どもの才能を伸ばす

さくら舎

はじめに　子どもの達成力を上げる、「潜在意識」のすごい力

あなたのお子さんには無限の可能性があります。

自分の才能を最大限に活かし、社会で活躍できる一流の人材になる。それは決して夢物語ではないのです。

子どもには、失敗を恐れず、何事にもチャレンジして、立派にやり遂げられる大人に成長してほしいと願うものですよね。そんな大人に成長できるかどうかのカギを握っているもの。それが本書でご紹介する「潜在意識」なのです。

潜在意識、子育てでは聞きなれない言葉かもしれませんね。実は、あなたがお子さんの潜在意識にどのようなアプローチをしていくかで、その後のお子さんの人生が180度変わっていくかもしれないのです。

潜在意識とは、私たちが普段〝意識することのできない意識〟のことです。

自分では自覚もコントロールもできない領域です。潜在意識には過去のすべての経験や感情が記録され、それを基に「私はこういう人生を歩むだろう・歩むべき」とい

う行動や思考・感情の土台が作られます。

そしてその土台を基に「**人生の台本**」というものができ上がります。

人生の台本とは「世界はこうあるべきと、信じていること」や「物事はこうだ」というような確信している気持ちや感覚のことで、**無意識の思い込み、価値観、前提、信念、観念のようなもの**です。

たとえば、同じくらいの能力を持っていても、「私はできる人」という台本を持っている人と「私はできない人」という台本を持っている人とでは、まったく異なる人生を歩むでしょう。

「私はできる人」という台本を持っている人は、困難や逆境にあったとしても、「できる」と信じていますから、途中であきらめることなく夢をかなえることができます。

しかし、能力が同じでも「私はできない人」と思い込んでいる人は、失敗が怖くてチャレンジできず、困難、逆境を目の前にするとすぐにあきらめてしまうのです。

人生の台本は、6歳までに8割、12歳までに100パーセントでき上がると言われています。つまり、**12歳までの子育ては、「子どもの人生を決定づける重要な台本作**

り」**のための、大切な時期**なのです。

では、実際に人生の台本はどのような経緯で作られていくのでしょうか。

実は、一番影響力があるものは、**親のかかわり、言葉がけ**です。

子どもはすばらしい才能、能力を授けられて生まれて来ます。そのすばらしい才能、能力を引き出し、発揮させられるような台本を作ってあげたいものです。

しかし、無意識の親のかかわりや言葉がけが、逆に可能性を閉じるような台本を作ってしまうことがあるのです。良かれと思ってかけた言葉、子どものためだと思って言った言葉、子どもの幸せを願っているつもりが、逆効果になってしまうことがあります。

本書では、お子さんが本来持っている才能、能力を活かし、勉強やスポーツなど、あらゆる場面で自分らしい人生を歩むことができるように、潜在意識にある人生の台本のより良い作り方をご紹介していきます。

さぁ、潜在意識を味方につけた究極の子育てのはじまりです。一緒に、お子さんの未来を育んでいきましょう！

もくじ◉「潜在意識」が子どもの才能を伸ばす

第2章　子どもの「潜在意識」をポジティブに変えよう！

第3章　子どものタイプによって変わる効果的なアプローチ

第4章　「潜在意識」が喜ぶほめ方・しかり方

第5章　あなたの自己肯定感が上がると、子どもが変わり出す

おわりに

#「潜在意識」が子どもの才能を伸ばす

第1章

より良い未来を創るカギ
「潜在意識」とは？

「夢」をかなえるために潜在意識を味方にしよう

子どもを怒りたくないと思っても、怒ってしまう。
優しくしたいと思っても、イライラしてしまう。
子どもの良いところを見ようと思っても、悪いところにばかり目が行ってしまう。

頭ではわかっているのにできなかったり、頭で思っていたこととは正反対のことをしてしまったりする経験はありませんか?
私たちの中には、頭ではわかっている領域と、わかっていない領域がありそうだということは、あなたも経験的になんとなく気づいているのではないでしょうか。

頭ではわかっているのにできない原因は、潜在意識にあります。
ここでは最初に、潜在意識と顕在意識の違いについてお話ししておきましょう。
顕在意識は、普段私たちが意識することができる意識のことです。

論理的思考・知識・分析・計算・理性・意思であり、何か決断したり判断したり選択する意識の領域です。

「勉強しよう」と自分の意思で決めた場合、それは顕在意識で行動を決めたということになります。顕在意識は、社会の中で安定して生きるために、私たちにとって必要不可欠な意識と言えます。

一方、**潜在意識とは、私たちが普段〝意識することのできない意識〟のことです。**

自分では自覚もコントロールもできない領域、たとえば、直感・感情・感覚・創造力・想像力を司ります。

さらに、潜在意識には、**過去のあらゆる記憶を入れておく保管庫**のような役割もあるのです。良い記憶、悪い記憶という判断はなく、私たちが経験したこと、感じたこと、考えたことなどが記録され保管されています。

顕在意識と潜在意識は「海に浮かんだ氷山」とたとえられることが多いです。

水面から出ている部分が顕在意識、水面下の部分が潜在意識です。

水面に出ている顕在意識よりも、水面下の潜在意識の領域のほうが大きいと容易に想像できると思いますが、顕在意識と潜在意識の割合は、1対9と言われ、意識全体の約9割を占めているのです。

「頭ではわかっているのに、できない」というのは、「顕在意識」VS.「潜在意識」の争いと言えます。顕在意識ではやらなきゃと思っていても、潜在意識で「イヤだ」「ムリ」「できない」と思っていれば潜在意識が勝ってしまいます。

頭でどれだけ考えても、潜在意識がNOと思っていることは実現させるのがむずかしいのです。

ですから、頭でわかっていることをそのとおりに実現するには、潜在意識とのつき合い方がとても大切になってくるのです。

これは子育てにおいて、子どもたち自身が夢をかなえるときにとても大切になってきます。

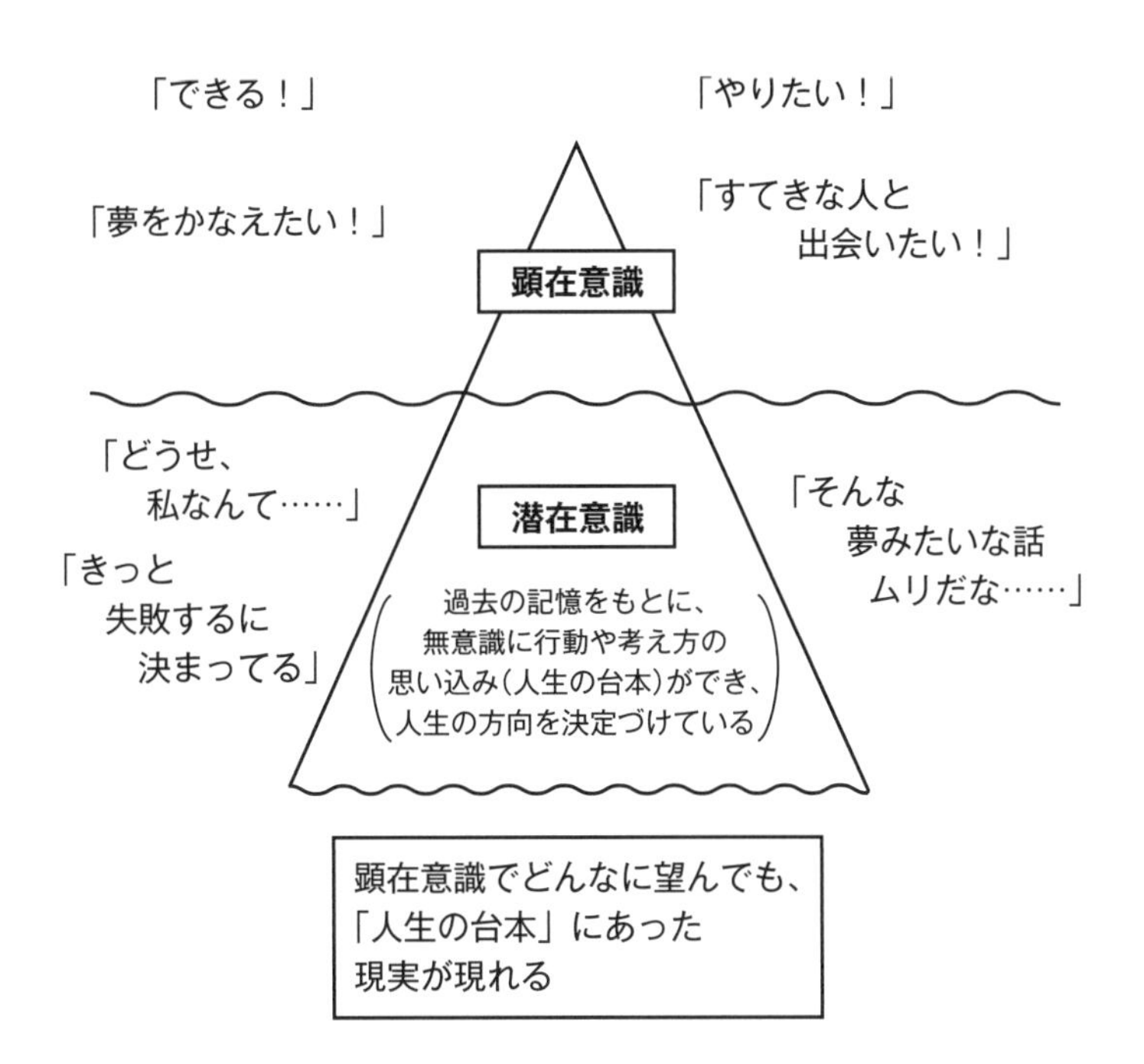
「できる！」
「やりたい！」
「夢をかなえたい！」
「すてきな人と
出会いたい！」
顕在意識
「どうせ、
私なんて……」
「そんな
夢みたいな話
ムリだな……」
潜在意識
「きっと
失敗するに
決まってる」
（過去の記憶をもとに、
無意識に行動や考え方の
思い込み（人生の台本）ができ、
人生の方向を決定づけている）
顕在意識でどんなに望んでも、
「人生の台本」にあった
現実が現れる

すべては潜在意識が思ったとおりの現実になる

娘がコップの飲み物をひとりで飲みはじめたころのことです。

「こぼさないように飲んでね」とコップを持たせると、その途端こぼしてしまいました。そのとき、私からとっさに出た言葉は「ほら、やっぱりこぼした〜。よそ見しているからこぼしちゃうんだよ」でした。

「ほら、やっぱり」とは、娘がこぼすことを私の心の奥、つまり潜在意識レベルで思っていたということです。

とっさに出る言葉や態度に、潜在意識の中にある本当の想いが表れます。

先ほどの私のように、子どもにやってほしくないこと、なってほしくない状況ほど、そのとおりになってしまうという経験、あなたにもあるのではないでしょうか。

ちらかしてほしくない　↓　ちらかす

いたずらしないでほしい　↓　いたずらする
騒がないでほしい　↓　騒ぐ

しかし、実はこれもあなたの潜在意識の中で、なってほしくない状況が無意識に描かれているから、そのとおりに現実として表れているに過ぎないのです。

ちらかしてほしくない　↓　ちらかすだろう、ちらかすに違いない！
いたずらしないでほしい　↓　いたずらするだろう、いたずらするに違いない！
騒がないでほしい　↓　騒ぐだろう、騒ぐに決まっている！

潜在意識でそう思っているということは、９割の力を使って、全力で現実化しているのです。

私が主宰している『子ども未来がっこう』の子どもたちには、わかりやすいように潜在意識のことを「心の中の魔法のランプ」と伝えています。

潜在意識は「アラジンと魔法のランプ」に出てくるランプの精と同じです。ご主人様の願いを忠実にかなえるのが役割です。

その願いが、良い願いなのか、悪い願いなのかはランプの精は考えません。ご主人様が願うこと、思うことをかなえたい、その一心で全力を尽くすのです。

ですから、もし子どもの潜在意識が何かをやり遂げている姿を描いていれば、現実に子どもはそのやりたかったことを達成できるようになります。

子どもの潜在意識に何をインプットしていくか、さらに、あなた自身が潜在意識でどんなことを描いているか、この2つに気づくことが、子どもの人生を左右する大きなポイントなのです。

本書では、この2つをテーマにして、お話ししていきます。

6歳までに人生の8割が決まる?!

潜在意識は、過去に体験したあらゆる記憶を入れておく保管庫のようなものです、とご説明しました。良い、悪いという判断はなく私たちが経験したこと、感じたこと、考えたことなどが記録され保管されています。

では、保管庫である潜在意識は、私たちの中にいつからできるのでしょう？

実は、なんとお腹に命が宿ったときからと言われています。

あなたは「胎内記憶」という言葉を知っていますか？

その言葉のとおり、胎内とは、お腹の中のことです。生まれる前のお腹の中にいたときの記憶のことを胎内記憶と言います。

産婦人科医で、この胎内記憶の第一人者でもある、池川クリニック院長の池川明先生の調査研究によると、2～5歳児の約3割に、胎内記憶があるということがわかったそうです。お腹の中の様子や、お腹の中で見聞きしたこと、生まれるときの様子などを記憶しているのです。

でもこの記憶も大きくなるにつれて、次第に薄れてしまいます。6歳を過ぎると記憶のある子は10パーセントに減り、中学生では2・5パーセント。成人してしまうと、ほぼ1パーセントに減ります。

正確に言うと、「忘れてしまった」というより、「思い出せなくなっている」状態です。潜在意識の中に記憶はあっても、思い出せなくなってしまうのです。

そのわけは、顕在意識と潜在意識の間に、重くて厚い扉のような仕切りができてしまうからです。すると潜在意識にアクセスしにくくなり、次第に潜在意識の中にある情報を自由に引き出せなくなるのです。

顕在意識は、生まれてすぐのときにはまだでき上がっていません。潜在意識がむき出し状態なのです。外界からの刺激や情報がダイレクトに潜在意識に入っていきます。良い、悪いという判断はまったくなく、そのまま入っていきます。

つまり、幼少期は9割の未知なる力を秘めた潜在意識に直接働きかけることができる時期なのです。

潜在意識の中に記録された経験や感情や思考は、その後の人生において「私はこういう人生を歩むだろう・歩むべき」という、行動や思考・感情の土台となります。

そしてその土台を基に「**人生の台本**」というものができ上がります。

人生の台本とは、「世界はこうあるべきと、信じていること」や「物事はこうだ」というような確信している気持ちや感覚のことです。

無意識の思い込み、価値観、前提、信念、観念のようなものです。

その台本は、6歳までに8割、12歳までに100パーセントでき上がると言われています。6歳までに人生が8割決まると言っても過言ではないのです。

特に、生まれてから3歳までに作っておきたい台本があります。それは、生きるために必要で重要な3つの台本です。

1、存在の台本：「私は生きていていい、存在していい」
2、愛情の台本：「私は愛されている、愛される価値がある」
3、尊重の台本：「私は尊重されている、受け入れてもらえる」

この3つの台本は、人生の土台となります。

この台本があるからこそ、自分の可能性を信じ、むずかしいことにもチャレンジでき、夢をかなえることができるのです。

困難や逆境があっても、それを乗り越え成長できる心のたくましさにもなります。

潜在意識に作られた台本にそって生きて行く

先ほどの3つの台本を基にさまざまな台本ができます。たとえば、経験したことがない頼まれごとを受けたとき、対照的な反応をした2人がいます。

Aさん「経験したことがないことをやるっておもしろそう！　成長できそう」

Bさん「経験したことがないことをやるなんて、失敗したらどうしよう。みんなに迷惑をかけたらどうしよう」

同じ頼まれごとをされても反応が違うのは台本に違いがあるからです。もちろん、2人とも無意識に反応しています。

Aさんには「未知の世界はおもしろい、経験が成長になる」

Bさんには「失敗してはいけない、迷惑をかけてはいけない」

という台本があると考えられます。

そして、この台本どおりの行動、選択をします。

Ａさんは前向きに頼まれごとを引き受け、失敗したとしても成長に意識を向けて次につなげるでしょう。

一方、Ｂさんは、失敗を恐れ断ってしまうかもしれません。引き受けたとしても、失敗やまわりのことばかりに意識が向き、本来持っている力を発揮できなくなってしまうでしょう。

台本は潜在意識の中にあるので、自分では気づきません。自分の中ではそれが当たり前、当然の感覚なので、疑いようのない真実なのです。

台本を基にどんな思考や行動をするか決定する時間は０・１秒、一瞬です。

先日、わが家でもそれを象徴する出来事がありました。

娘の本や文房具、おもちゃが置かれている棚があります。娘が自由に置いているので、ぐちゃぐちゃになっていることが多い場所です。

ある日、娘が文房具の箱を取り出そうとしたとき、上のほうにあるためなかなか取れないでいました。背伸びをして取ろうとした瞬間、雪崩（なだれ）のように他の物も落ちてきたのです。それを見た旦那さんと娘のリアクションです。

旦那さん「あーぁ、やっちゃった。最悪」
娘「ラッキー！　ほしい物が取れた」

「最悪」と「ラッキー」
出来事は同じですが、0・1秒後に起こしたリアクションは真逆です。旦那さんと娘の台本の違いがこの結果を生んでいます。
このように、台本は私たちの思考・感情・行動に影響を与えているのです。

【よくある台本】

「私は運がいい／悪い」
「私には能力がある／ない」
「私は愛される価値がある／愛される価値がない」
「人は信じられる／裏切る」
「人に迷惑をかけてはいけない」
「世の中は厳しい／社会は甘くない」
「親（人）の役に立つべきだ」
「女は～／男は～」
「大学に進学すべき」
「優秀でなければならない／一番でなければならない」
「負けてはいけない」
「完璧でないといけない」
「がっかりさせてはいけない」
「期待に応えなければならない」
「弱さを出してはいけない」
「甘えてはいけない」
「休んではいけない」
「頑張り続けないといけない」
「間違えてはいけない」
「失敗してはいけない」
「みんなと一緒でなければならない」
「お金は汚い」

なぜ、潜在意識に台本が作られるのか？

生まれたとき、私たちには台本はありません。ここでは、台本が作られる時期とその理由について触れていきます。

潜在意識に台本が作り出される理由は、**私たちの身を守るため**、です。

私たちの中には「一日でも長く生きたい」という究極の本能・生存欲求があります。その欲求を実現するために、潜在意識によって台本が作り出されていくのです。

そのような生死にかかわる重要な台本は、０歳から３歳までに作られます。

０歳から３歳はひとりでは生きていけません。誰かの助けなしには生きてはいけません。

どうしたら人から助けてもらえるのか。どうしたら生き延びられるのか。

潜在意識にある台本には、そういった、まず生き延びるために大切なことが記されていきます。

台本は私たちを守ってくれるボディーガードのような存在なのです。いいかげんな台本ではご主人様を守れません。強固な防衛システムとして重要な台本を作り、守るのです。

自分を守るためにある台本ということは、そこにあるのはとても重要な情報だということです。簡単に書き換えられてはいけないものです。

つまり、**一旦できた台本はなかなか変わりにくくできているのです。**

こうして台本は12歳までにほぼ完成していき、それまでにできた台本を基に、その後の人生を生きているのです。

私たちは台本の存在にはまったく気づくことなく、台本の役割は無意識化されています。つまり完全に台本のコントロール下にあるのです。

そして、台本の正しさを証明する生き方をしていきます。年を重ねれば重ねるほど台本は強化され、変わりにくくなります。

私たちは大人になり成長しても、子どものころに作った台本で自分を守っています。大人になった自分には不要な台本も手放そうとはせず、大切に持っていることがあります。

潜在意識は、その台本で今、この瞬間もあなたを守ってくれているのです。

しかし、子どものころにできた古くて今の自分には不要な台本が、私たちの悩みを作り、可能性を閉じることもあるのです。

良い台本作りで子どもは幸せな人生を歩む

幼いころ私は、母からよくこんなことを言われていました。


「お金を稼ぐことは、大変」

「世間はそんなに甘くない」

「うちは貧乏。お金がない」

「親の頭が悪ければ、子どものデキも悪い」

「大きな会社に入って、安定した仕事をすることが幸せ」

とても現実的な母でしたので、わが家にはクリスマスプレゼントはありませんでした。ツリーはあったのですが、サンタさんは一度も来たことがありません。

「サンタなんていないんだよ。うちは現実的な家なの。そんな夢みたいことを言っていないで、勉強しなさい」と言うような母でした。

大手メーカーで正社員として30年以上勤め上げた母。母は自らが言ったとおりの人生を歩んでいました。

幼いころから言われてきたので、私は母が言う幸せこそ真の幸せであり、当然だと思っていました。


「世の中は厳しい、怖いところ」

「努力をしないと幸せにはなれない」

「私は頭が悪いんだ。だからこそ頑張らないといけない」


母から伝えられたことによって、このような台本ができたのです。

そしてその台本どおりに、私は強い劣等感を持ち、自信が持てない子どもに育っていったのです。

高校に進学したものの、成績は最下位まで落ち込み、先生からも目をつけられる劣等生に。

いい先生のおかげで、大学には進学できましたが、就職氷河期で厳しい時代。自信がない私は、落とされるのが怖くてまったく就職活動ができませんでした。社会に出るのも怖かったのかもしれません。そして、就職が決まらないまま卒業してしまったのです。

大手に就職しなかった私を母はひどく叱責しました。母の台本どおりに生きられない私は「あぁ、私は幸せになれないんだな」と、また強く思い込んだのでした。


こうして、大学を卒業して社会に出るまで私は母から受け継いだ台本に沿って生きてきました。もちろん、それが当たり前であり、当然だと思って生きていたのです。

ネガティブな台本に支配されているとき、私たちはネガティブな感情になりやすく、視野もせまくなります。

このころの私は劣等感でいっぱいで、自己嫌悪に陥ってしまいました。

「私は幸せになれない」「私は劣っている」と思い込み、他の考え方や選択肢をまったく思いつきませんでした。

しかし、真実は台本どおりとはかぎりません。努力しないと幸せになれない、なんてことはありませんし、世の中も、厳しくて怖いところばかりではありません。

頭の良さが人間の価値を決めるわけではありません。今の私にはそれがわかりますが、当時の私には、母から受け継いだ台本がすべてであり、真実であると思い込んでしまっていました。

これを**「台本の盲目性」**と言います。

潜在意識にある台本は、色のついたメガネのようなものです。

しかし、普通のメガネと違ってそのメガネは顔にくっついてしまっていて、かけていることすら気づかないくらい一体化しています。

そして、そのメガネをとおして世の中を見ています。世界をそのまま見ているのではなく、台本によって歪(ゆが)められた世界を見ているのです。

そのメガネの存在に気づき、メガネを外して世界を見ようとしないかぎり、一生台本どおりの人生を歩むことになるのです。

台本は決して私たちを苦しませようとか、悩ませようとするものではありません。「一日でも長く生きたい」という究極の本能に基づき、うまくいくように、幸せになるように守ってくれている存在なのです。

12歳までの子育ては、大切な台本作りの時期と言ってもいいでしょう。

この時期にどんな台本を作るかで、その子の人生が変わっていくのです。

自分の可能性を信じられる子に育てるために

ノミは自分の身長の何十倍もの高さを跳ぶことができるそうです。人間の大きさにすると「東京タワー」くらいの高さまで跳べるぐらいの力だそうです。

そのノミを瓶(びん)に入れて蓋(ふた)をしてみると、最初は瓶から脱出しようとして、何度も身体を蓋にぶつけながら思い切りジャンプをします。

しかし、その状態が続くと、やがてノミはジャンプすることをやめてしまいます。

そして驚くべきことに、瓶の中から解放してやっても、ジャンプ力があったはずにもかかわらず、瓶の中で跳んでいた高さまでしか跳べなくなってしまうそうです。跳ぶ能力があるのに、蓋があると思い込んでしまい、自分で限界を作ってしまった、という有名なお話です。

これを「心理的限界」と言います。

これはノミにかぎった話ではありません。人間にも同じことが起こります。**能力・才能があっても「自分には無理だ。できない」という台本があると、自分で限界を作ってしまい、挑戦することをあきらめてしまうことがある**のです。

私は５万人以上の社会人教育をしてきました。社会に出ているような大人は台本がしっかりでき上がっており、その台本どおりに生きています。

チャンスを逃してしまう人。いつもはできるのに本番で失敗してしまう人。人間関係がいつもうまくいかなくなってしまう人。すぐあきらめてしまう人。

これらも台本による心理的限界が原因のひとつに考えられます。

本当は十分に能力があってできるのに、心理的限界によって自分で自分の可能性を閉ざしてしまっている人を何人も見てきました。

大人になってからでは遅いとは言いませんが、子どものときにもっと違う台本が作られていたら別の人生があったかもしれません。

12歳までの子育ては、子どもの生き方、人生に大きく影響するものなのです。

ネガティブな台本とポジティブな台本

ここまでの話で、台本はネガティブなものであるイメージができてしまったかもしれませんが、台本には種類があります。

1、ポジティブな台本（プラスに働く）
・動機ややる気を与える
・能力を引き出す

「やればできる」「人は成長する」「道は開ける」「私には可能性がいっぱい」「私は～

できる」「私は運がいい」

２、ネガティブな台本（マイナスに働く）
・人に制限を与える、限定するもの
・可能性を妨げるもの

「経験がないとむずかしい」「女は（男は）〜」「常識では〜」「〜は無理」「私は〜できない」「私は運が悪い」

今まで主にご説明したのはネガティブな台本についてです。ですが、私たちはポジティブもネガティブも持っています。

私の中にある強力なポジティブ台本は「運がいい」という台本です。これは父の言葉がけによって作られた台本です。

私の手相はますかけ線というめずらしい手相です。父は私の手を見て「運がいいぞ。天下取りの手相だ」と毎晩言っていました。

父は手相鑑定の技術もありませんし、占い師でもありません。ただ父がそう思い込んでいるだけの話です。

手だけではなく、足の相までみて「運がいい」と言うのです。

毎晩、言われ続けると「私って運がいいんだな」と思い込むのです。

現実的な母が作った、ネガティブな台本で苦しい部分もありましたが、父が作ってくれた「運がいい」というポジティブな台本でかなり救われました。最悪な状況でも、楽観的に捉え乗り越えることができました。

12歳までにできるだけポジティブな台本を作ることで、子どもたちが持っている能力を発揮しやすくなります。

ネガティブな台本がまったくいけないとは言いません。ネガティブな台本があるおかげで危険から守られることもあります。

ですが、可能性を閉じる、あるいは制限するようなネガティブな台本はできるだけ少ないほうが、子どもたちが持っている能力を引き出しやすくなります。

台本の多くは幼少期に作られます。幼少期には必要だった台本も大人になったら不要になる場合もあるのですが、一旦作られた台本は簡単には変わりません。

幼少期の台本を大人になっても持ち続けることで、さまざまな悩みや不都合が出てくるのです。

ふいのひと言が子どもの可能性を左右する

芸能人のダイアモンド☆ユカイさんがテレビでこんな話をされていました。

小学生のころ、ダイアモンド☆ユカイさんは女性の裸体の絵を描いていたそうです。それがうまくて、とてもリアリティーある絵だったそうです。

ところが、それを見た先生は「そんな絵、描くな！」と怒りました。それから、ダイアモンド☆ユカイさんは絵が描けなくなってしまったそうです。

恐らく先生は、びっくりしたのだと思います。男の子ですから、その後が心配だったのかもしれません。

でも、先生のそのひと言で、絵を描く才能は閉じられてしまいました。もし、この出来事がなかったら、歌だけではなく絵の才能でも世に出ていたかもしれません。

こんなふうに、台本とは意図して作られるものではなく、偶発的に作られるものが

多いのです。

先生のひと言が、強烈に潜在意識に入り台本となり、「自分は絵を描いてはいけない」「好きな絵を描くと怒られる」のような台本ができ、絵を描くことがなくなってしまったのでしょう。**このように台本は「言葉」と「体験」によって作られます。**

そして、すべての台本が親の言葉が作るものではなく、先生や友だちの可能性もあります。

ネガティブな台本が作られることを、すべて防止することは不可能です。しかし、防止はできないけれど、変えていくことはできます。

台本は一度できると変わりにくいものですが、絶対変わらないものではありません。不要になった台本は手放すこともできるのです。

台本が作られていく2つのケース

先のダイアモンド☆ユカイさんの例にあるように、台本は1回の出来事でも、強烈なインパクトによって作られるケースと、毎日、誰かに言われたこと、くり返し行わ

れたことによってできるケースがあります。

ある受講者の女性は、子どものころテストで１００点を取ったとき、うれしくてお母様に見せに行ったそうです。すると、お母様にこう言われました。

「１００点なんて普通よ。お兄ちゃんなんかいつも１００点よ」

この言葉にものすごくショックを受けたことを、今でも思い出すそうです。

そして、それ以降、「私は劣っている」「私は認めてもらえない」と思うようになったと言います。

それは、「劣等感」や「自己否定感」という台本です。常に人と比較しながら、自分が劣っている点に注目してしまう。そして「自分は劣っている」「頑張っても認めてもらえない、自分はダメな人間だ」と無意識に思っていたそうです。

お母様はそんなつもりで言ったのではないと思いますが、お母様のインパクトのあるひと言がその方の人生に大きく影響を与えていたのです。

さらに、まわりからよく言われたこと、くり返し行われたことも台本となります。

ある受講者の方は、講座を受講したことで「私、〝自分は何にもできない。考えられない〟という台本があると思う！」と、無意識の台本に気づく瞬間がありました。

それは「思考不足」や「依存」という台本です。

「思考不足」という台本を持つ方は、自分で考えたり、判断することが苦手で、そのような場面を無意識に避けたり放棄してしまいがちになります。また、論理的に物事を考えたり、落ち着いて判断したりすることができず、他人に依存し、受け身になります。

そして、「依存」という台本を持つ方は、「自分には力がない、手に負えない」「誰かがやってくれる」と思い、受け身・依存的になります。大人になっても自分で決められず、自分の人生の主導権を他人に委ねてしまう方が多いです。

お話をうかがうと、いつもお母様が先回りして、何でもやってくれていたそうです。着るもの、学校の準備、何をして遊べばいいのか、という日常的なことから進路、就職に至る重要な選択もすべて、本人が主体ではありませんでした。

そうされているうちに、いつの間にか自分で考える必要性がなくなり、「お母さんの言うことを聞いておけば良い」と思い込んでしまったのです。大人になっても自立できていない自分にここで気づいたのです。もちろん、お母様もその方のことを思い、苦労しないように、困らないようにと思ってされていたことです。

このように台本の多くは、親が子を愛するがゆえの言葉や行為によって作られるのです。

子どものためを思ってしていること、言っていること、そして毎日のようにくり返しやっていることを振り返ってみましょう。それが子どもの台本作りに影響します。

成功へ無意識に導いていく言葉の力

受講者さんがこんな話をしてくださいました。

ピアノの練習をしているお子さんに「間違えないように、気をつけて弾きなさい」と言えば言うほど、子どもがミスをするそうなのです。受講されて「子どもがミスする理由がよくわかった！」と言われていました。

私たちは、頭でイメージしてから、そのとおりに行動します。かならずこの順番です。イメージどおりということは、イメージできないものは行動できません。

逆にイメージできたことは行動できるのです。

そして、そのイメージは言葉によって作られます。たとえば「ラーメン」と言われると、頭の中にはラーメンの映像が浮かんだり、味やにおいを思い出したり、お気に入りのお店を思い出したり、何かしらラーメンのイメージが湧きますよね。このように、言葉がイメージを作ります。

先ほどのピアノの話では、「間違え」という言葉で、子どもは頭の中で「間違いをしている自分」を無意識にイメージします。

イメージしたとおりに行動するのですから、「間違いをしている自分」をイメージしてしまうと、そのとおり間違えてしまいます。その後、「気をつけてね」と添えていますが、先に「間違いをしている自分」を強くイメージしているので、気をつけている自分のイメージは入っていきません。

きっとお子さん本人も「間違えてはいけない」と思っていて、余計に強く「間違い

をしている自分」をイメージしてしまったのでしょう。

このように、親の言葉によって子どもの頭の中のイメージが作られ、行動に影響を与えます。では、ピアノを間違えずに弾くことをイメージさせるには、どんな言葉が良いのでしょう。

「落ち着いて弾こう」「指先に集中して弾こう」「楽しく弾こうね」

このような、うまく弾けている姿をイメージさせる言葉がけですね。

多くは失敗してほしくないがゆえに、望んでいない結果をイメージさせる言葉を無意識にかけてしまっています。

「そっちへ行くと危ないよ」と言えば行くイメージ

「忘れ物は大丈夫？」と言えば忘れ物をしているイメージ

「散らかさないで」と言えば散らかすイメージ

言われた子どもも気をつけているつもりでも、そのイメージどおりに無意識に行動してしまうのです。

そして、親は望んだ結果ではなかったとき、子どもに「どうしてこうなるの！　お母さんさっき間違えないように言ったでしょ！」と怒ることになります。

さらに「間違えないように」と言えば、また間違えるイメージができ、実際に間違えてしまう、まさに悪循環です。

何度も言っているのに、子どもがくり返すのは、親の言葉が不適切な可能性があります。望まない状態をイメージさせる言葉から、望む状態をイメージさせる言葉に変えてみましょう。

先日も娘が、側溝近くを歩いていました。危ない！　と思った私が「溝があるから落ちないようにね！」と言った途端に娘は溝にはまり大泣きです。

「やってしまったー」という感じです。私の言葉で娘の中では溝に落ちるイメージです。私も、とっさのとき、こんな言葉が出てしまいます。

私たちは無意識に言葉を発することが多く、子育てをしているとネガティブなイメージをさせる言葉が多くなる傾向にあります。

あなたの言葉は、お子さんにどんなことをイメージさせていますか？

その言葉から浮かんだイメージどおりに、お子さんは素直に反応していますよ。

子育てでイメージが大切な理由

先にご説明したとおり、私たちの行動はイメージの影響を受けています。

ポジティブなイメージをすれば、ポジティブな感情が湧き、ポジティブな行動につながります。

反対にネガティブなイメージをすれば、ネガティブな感情が湧き、ネガティブな行動につながります。

いい行動、望ましい行動を促すには、いい行動、望ましい行動をイメージさせればいいということです。

言葉をかけるとき、お子さんの頭にどんなことをイメージさせるといいかな、という意識を少し持つだけで、お子さんの反応・行動は劇的に変わります。

そして、もうひとつ、子育てで潜在意識を味方につけるために知っておくといいこと。それは、潜在意識のおもしろい特徴です。**その特徴とは、「潜在意識はイメージと現実の区別がつかない」というものです。**

たとえば、「レモン」という言葉。顕在意識ではレモンと言われても、今、目の前にはレモンはないことはわかっていますし、レモンという言葉から連想させることも「レモンを昨日食べたな」「レモンは黄色だな」など過去のことを言葉で思い出し、思考しています。

では、頭の中でレモンを切って、がぶっとかじる姿をイメージしてください。

どうですか？　唾液が出ませんか？　食べていないのに潜在意識は食べたと思ってしまい、身体が反応して唾液が出るのです。

他にも、遠足の前日に眠れない、というのは、まだ遠足に行っていないけど、イメージの中ではすでに遠足に行っており、楽しんでいるからです。イメージの中で楽しんでいるはずなのに、身体は反応し、興奮状態となり眠れなくなってしまうのです。

このように潜在意識は過去のイメージであろうと、まだ起こっていない未来であろうと、区別することなくすべて「今、目の前の現実」としてとらえているのです。

アスリート、メダリストでイメージトレーニングをしていない人はいません。

選手たちは、試合で勝っている、メダルを獲っているイメージをくり返ししています。

フィギュアスケート日本代表の羽生結弦（はにゅうゆづる）選手もイメージトレーニングを大切にしている選手のひとり。羽生選手は試合に向かう飛行機の中で、ずっとイメージトレーニングをしているそうです。もちろんそのイメージは、完璧に演技できて金メダルを獲り、拍手喝采を浴びているイメージです。

潜在意識はイメージと現実を区別しませんから、何度も何度もイメージするとそのイメージを現実だと認識します。

そして、本番、羽生選手はイメージどおり金メダルを獲りました。そのときのインタビューで彼は「すべてイメージどおりです」と答えました。

オリンピックという緊張感が高まる場です。人は緊張し過ぎると筋肉が硬直して思うように動かせなくなります。緊張しているよりリラックスしていたほうが、練習してきた成果を発揮しやすくなるのです。

その状態を作るためには、頭の中でその会場で滑っている姿を何度もイメージするのです。

はじめてその会場に行って、はじめて滑る人よりも、何度もオリンピックに出て、メダルを獲っている人とではどちらが緊張感少なく、リラックスして滑れそうか？と考えれば、すぐにわかりますよね。当然、後者です。

もちろんそれはイメージの中だけでいいのです。なぜなら、潜在意識は現実との区別はありませんから。イメージの中で金メダルを獲っているのと現実で獲っているのは潜在意識の中では区別はありません。


子育てにおいても、子どもにどんなことをイメージさせるかが重要です。

望んでいないイメージではなく、望んでいる状態をイメージさせます。望んでいる状態をイメージさせるように親が少しサポートするだけで変わります。特にスポーツや勉強においては、すぐに効果が出ます。

『子ども未来がっこう』受講後に変化や効果があったお子さんがたくさんいます。

・水泳タイムが４秒も縮まった
・自己ベストが出た
・テストで１００点をとった
・漢字検定に合格した
・縄跳びができるようになった
・自転車にひとりで乗れるようになった
・合気道の試合で優勝した
・志望校に合格した
・起こさなくても自分で起きて勉強するようになった

このようなたくさんのうれしい報告が届いています。

何を言うか、親がどうかかわるかというのも大切ですが、どんなイメージをさせるのか？　そんな視点を子育ての中に取り入れてみてください。

そのためには、まず「望んでいること、状態」って、どんな状態だろうと考えてみてください。

案外、「望んでいること」より、「望んでいないこと」のほうが明確で具体的だったりします。

第2章

子どもの「潜在意識」を
ポジティブに変えよう！

潜在意識は否定語を認識しない

「言葉によってイメージができる」とお伝えしましたが、もうひとつの特徴として、「潜在意識は否定語を認識できない」というものがあります。

否定語とは「こぼさないで」「いたずらしないで」「大きな声出さないで」など、「〜しないで」というような禁止する言葉です。

「〜しないで」と言われても、潜在意識は認識しないので「こぼす」「いたずら」「大きな声」がイメージされてしまい、そのとおりの行動になってしまいます。

第1章でもお話しした羽生結弦選手ですが、こんなエピソードもあります。世界記録を更新したとき、まさか自分が更新するとは思っていなかった羽生選手。ショートプログラム後の記者会見ではうれしさを自制するために、あえて「ショートのことは忘れます」と言ったそうです。

そしてフリー本番。ショートのことは忘れてフリーに集中しなければならないのに、

次々にミス。結果は3位。

彼はその後、「自分が言った言葉は耳に残る。『ショートを忘れて』という言葉自体はショートのことを気にしていて、ショートにとらわれていた。『フリーに集中しよう』と言うべきだった」と語っています。

「ショートは忘れよう」は先に「ショート」という言葉を出しているので、「ショート」をイメージさせます。そして、ショートのことが頭に浮かぶたびに「忘れろ！　思い出すな！　忘れろ！　思い出すな！」と頭の中で言っていたと思います。

潜在意識は否定語を認識しませんから、ますます頭に残り、フリーに集中できません。練習ではできていたことすら、できなくなってしまうのです。

子どもに言葉をかけるとき、何をイメージさせたいかを考えてみましょう。

そして「〜しない」という否定的な表現ではなく、「〜しよう」という肯定的な表現で伝えましょう。

「できる！」のセルフイメージを育てよう

知らず知らずに親が子どもの苦手意識を作ってしまうことがあります。

私は幼いころから、やることは速いけど、そそっかしく、よく母に注意されていました。そのたびに母は「なお（私）はそそかりべーだね」と言うのです。

そそかりべーとは、そそっかしい私に対するニックネームです。母は冗談のつもりで言っていたのかもしれませんが、そそかりべーと言われるたびに心はチクッとするのでした。

それから社会人になり、同僚、上司から「齋藤さんは仕事が速いですね」とほめてもらう機会がよくありました。

そのたびに「いえいえ！　速くてもそそっかしく、ミスも多いですから！」と全否定！

そして、その言葉のとおり、ケアレスミスが多いのです。

私は「速くできる私」ではなく、「そそっかしく、ミスが多い私」というセルフイ

メージを持っているようなのです。

セルフイメージとは自分で自分をどう認識しているか、無意識に抱いている自分のイメージ、自己評価のことです。

「私は〜だ」という言葉で表される、**自分に対する台本です。**

私は勉強ができない　／　私は勉強ができる
私には才能がない　／　私には才能がある
私は人から好かれない　／　私は人から好かれている
私は運が悪い　／　私は運がいい
私には価値がない　／　私には価値がある
私はかわいくない（かっこよくない）　／　私はかわいい（かっこいい）

私たちはこのセルフイメージどおりに生きています。

「理想の自分になりたい」と思っていても、その理想に合ったセルフイメージがなければなれません。

「勉強を頑張りたい」と子どもが思っていたとしても、子どもの中に「自分は勉強ができない、バカだ」というセルフイメージがあると、頑張ってもその努力は報われないのです。

逆に「私はできる」「私はやればできる」というセルフイメージがあれば、失敗してもあきらめることなく、結果が出るまで頑張ることができます。

このセルフイメージも他の台本と同じように、親や周囲の人の言葉や体験によって作られます。

「お前、バカだなぁ」↓「私はバカだ」
「運動はできるのに、勉強はできないのね」↓「私は勉強ができない」
「〇〇ちゃんは、算数が苦手だから」↓「私は算数が苦手」
「お母さんに似て、運動神経ないから」↓「私は運動が苦手」
「もう、わがままな子ね」↓「私はわがままだ」

親は冗談で言ったつもり、深い意味はない言葉でも、子どもたちの潜在意識にスト

ンと入り込んでしまいます。

苦手意識を持って生まれた子どもはいません。どこかで「苦手だ」と思う出来事があったはずです。どうせ作るなら苦手意識ではなく、デキる意識を育みたいですね。

寝る前は潜在意識の扉が開く

寝る前はとても大切な時間です。

なぜならば、潜在意識とダイレクトにつながりやすい時間だからです。

成長するにつれ顕在意識が作られ、潜在意識との間に扉のようなものができてきますが、寝る前はその扉が開いている時間です。寝る前の時間だけでなく、朝起きてすぐの時間も同様です。起きてすぐ、寝る前のようにうとうとしている時間は潜在意識とつながりやすい時間です。

つまり、その時間に経験すること、耳にする言葉、感じた感情は直に潜在意識へ書き込まれ台本となりやすいのです。

ですから寝る前と目覚めたときは、良い言葉をかけることをおすすめします。寝る前に怒られて泣きながら眠る……、ということはできれば避けたいですね。

【寝る前の言葉】

ネーミングストーリー

お子さんの名前の由来を話します。どんな意味があり、どんな想いが込められているのかを話します。

親の愛情を感じ、「自分は愛されている」という台本がお子さんの潜在意識に作られます。そしてその台本を基にお子さんの自己肯定感も高まります。

良かったこと探し

お子さんと「今日あった良かったこと、うれしかったこと」を話します。

「ポジティブ心理学」の第一人者であるマーティン・セリグマンの研究によると、良かったことを3つ書き記すことを1週間続けることで、その後半年間にわたって幸福度が高まり、抑うつ症状が改善される傾向が表れるとのことです。

今、子どものうつ病も多くなってきています。寝る前に良かったこと探しをするだけでお子さんの幸福度を高め、メンタルケアにつながります。

また「自分は運がいい、ツイている」という台本も作ることができるでしょう。この台本は物事を楽観的に捉え、困難や問題を乗り越えていく力になります。

愛を伝える

私は寝る前、娘とこんな会話をします。
私「○○ちゃん、絶対に忘れてはいけないことがあるんだけどわかる？」
娘「なに？　なに？」
私「それは、お母さんは○○ちゃんのことが大好きってことだよ。お父さんもおじいちゃんもおばあちゃんも、みんな○○ちゃんのことが好きなんだよ」
こう伝えると娘はニヤリ。とてもうれしそうな顔をして「うん」と言って目を閉じます。
この会話はもう何度もしているので、娘も話の内容をわかっていると思います。でも毎回「絶対忘れてはいけないことわかる？」と聞くと、「なに？　なに？」とわからないふりをして聞いてきます。「わかっていても、お母さんの言葉で聞きたい」「何度も何度も聞きたい」と思っているのだと思います。

「私は愛されている、大切にされている」という感覚が自己肯定感の土台になります。無条件に愛されているという台本を、潜在意識にしっかりと作ることができます。

【目覚めの言葉】

「今日もステキな一日がはじまるよ」「今日も良いことがたくさんあるよ」

これらの言葉は今日一日の前提を作る言葉です。ステキと思えばステキなことに意識が向く。良いことがあると思えば良いことに意識が向きます。ひと言かけるだけで意識がそちらに向きます。

間違っても「今日は最悪」「ツイてない」など朝からネガティブな言葉は言わないようにしましょう。

「○○ちゃん、かわいいね（かっこいいね）」「一緒にいると楽しい（元気になる）」

これらはセルフイメージを高める言葉です。これは今「楽しい」とか「かわいい」とか思っていなくてもいいのです。

セルフイメージが現実であるか否かは関係ありません。どんなセルフイメージを持ってほしいか、そのセルフイメージに合った言葉をかけます。

「今日も楽しんで♪」

これは旦那さんが出かけるときに娘にかける言葉です。「頑張って」や「しっかりやってこい」とは言いません。

何でも楽しむことが大切、という意味で旦那さんは言っているようです。

私たちの行動は感情の影響を受けています。楽しい、ウキウキ、ワクワクというポジティブな感情のときは積極的な行動になります。

逆につまらない、つらい、苦しいというネガティブな感情のときは行動が消極的になります。

楽しんでいい、楽しみを見つけようとする台本があると、むずかしいこと、大変なことも、あきらめずにやれる子になります。むずかしいことも、大変なこともそのプロセスを楽しめるたくましさを育みます。

評価・判断をすぐにしない

子どもの「物事の見方」を育む上で、注意したほうが良いことがあります。

それは、すぐに親が物事を「評価・判断」しないということです。

『子ども未来がっこう』の内容を子どもたちの教育に取り入れている〝ごろあい自然楽校〟での出来事です。

小学生のサマースクールで、しゃぼん玉液からみんなで手作りしてジャンボしゃぼん玉を作る授業がありました。しゃぼん玉液のレシピを見ながら、みんなで慎重に、丁寧に作りました。しゃぼん玉を作る道具も、ストローや木の枝、紐を使い手作りしました。

いよいよ、しゃぼん玉作りのスタートです。大きなしゃぼん玉がたくさんできると思っていたのに、玉は膨らんでもすぐに割れてしまい期待とはまったく違う結果になってしまいました。小さなしゃぼん玉はできましたが、みんな大きなしゃぼん玉が見たかったのです。

しゃぼん玉作りのあと、子どもたちに「しゃぼん玉作りは失敗だと思うか、成功だと思うか」挙手してもらいました。すると、失敗と成功、半々ぐらいに分かれました。そこで、それぞれ、なぜそう思うのか理由も聞きました。

ここで、先生（おとな）の評価・判断は入れません。あくまでも子どもの物事の捉え方に耳を傾け、「それは間違っている」「そんなふうに考えるのはおかしい」「～が正解」など否定をしたり、先生（おとな）の捉え方を押しつけたりしないようにします。

この結果を、『子ども未来がっこう』の授業で取り上げました。

『子ども未来がっこう』では、なんでもツイているように見える「ツイテルめがね」と、なんでも最悪に見えてしまう「最悪めがね」のお話をします。どちらのメガネをつけるかによって、物事の見方が違ってくることを学びます。

どちらが良いめがね、悪いめがね、という話ではなく、どちらをかけたほうが、楽しく夢をかなえられるかな？　と子どもたちに考えてもらいます。

その点から、先ほどのしゃぼん玉の授業の内容を振り返りました。大きなしゃぼん玉ができなかったことも、ツイテルめがね、最悪めがねで見てみるとどうなるか子どもたちに考えてもらいます。

ツイテルめがねで見ると、うまくいかなかった出来事も「次回の楽しみが増えた」「どうしたらうまくいくか調べることができる」「今回は、しゃぼん玉はうまくできなかったけど、泡遊びができて楽しかった」など、うまくいかなかったからこそ良かったことに、子どもたち自身が気づき出します。

子どもよりも先に先生（おとな）が「良い・悪い」と評価・判断してしまうと、子どもはそれが正しいと思ってしまい自ら考えることをしなくなります。

それがくり返されれば、自ら考えようとしなくなる「依存」の台本や、自分の意見を言えない「受け身」の台本が作られます。そして親と同じめがねを子どももかけるようになります。

生きていると良いことばかりではなく、逆境や問題も起こってくるでしょう。そのときに、ネガティブな物の捉え方（最悪めがねで見る）をしてしまったら、子ども自

らの物事の捉え方を変えていく力、柔軟に思考を変えていく力が求められます。

思考の柔軟性を育むことは、困難を乗り越えるしなやかな心作りにつながります。

いつも親が「良い、悪い」「正しい、正しくない」を評価・判断しているとその力を育むことができません。

親の役割は評価・判断することではなく、２つの物事の捉え方を比較し、子どもに考えさせる機会を作るサポートなのです。

子どものときにしておきたい感情教育

子どものころにしておきたい教育に「感情教育」があります。その名のとおり、子どもたちの感情を育てていくことです。

たとえば、「いやだーーーー」と泣いたり、かんしゃくを起こしているとき、どのように対応しますか？

「もーーー、泣いてないで！」「泣いていてもしかたないでしょ！」「うるさい！　だまりなさい」など、泣くのをやめさせようと否定する言葉をかければかけるほど、涙は止まりません。

私たちにはさまざまな感情がありますが、生まれてすぐは、「お腹がすいた、眠い、おむつが濡れて気持ちが悪い」という不快感、「お腹がいっぱい、気持ちがいい」などの快感情など、大きく分けると快・不快の2つの感情だけです。

その後、成長とともに細やかな感情を学習していきます。

なぜ、子どものときに感情教育が必要なのか。それは、子どものときに、

・自分の感情を感じる力

・自分の感情を表現する力

この2つの力を育んでおかないと、大人になってからメンタル不調につながる可能性があるからです。

私は、20年近く大人の人材教育にも携わってきました。

研修の中で受講者さんに、「今、どう感じたか、感情（気持ち）を教えてくださ

い」と質問することがあります。

ところが、多くの方が「感情」ではなく「考え」を話されるのです。「感情」と「考え」の区別がついていません。考えることが重視され、感情を味わう経験が少ないと、自分の感情がわからなくなってしまうのです。

そして、「自分の感情を感じてはいけない、出してはいけない」という「無関心・無感動」という台本ができてしまいます。

自分の感情がわからなくなる
←
感情を感じなくなる（鈍くなる）
←
「無関心・無感動」の台本ができる
←
コントロールできなくなる・対処できなくなる
←

知らない間に心が疲弊する
↓
メンタル不調になる

感情教育は未来を創ります。10年後、20年後、お子さんの健やかな心を育むための教育です。

それともうひとつ、夢や目標をかなえる力を高めます。第1章で、イメージするとそれが現実化されるとご説明しました。そのイメージに感情が伴うと現実化する力が高まるのです。

私たちは顕在意識で考えたことよりも、潜在意識で感じているほうに、よりリアリティーを感じるのです。

潜在意識は現実とイメージの区別はありませんでしたね。よりリアリティーを感じるほうを現実化しようと潜在意識はエネルギーを注ぐのです。

ただイメージするよりも、感情も併せてイメージしましょう。子どもたちの感情を感じる力、感情を表現する力を育めるようサポートしていきましょう。

成功体験のイメージトレーニングをしよう

自分の望んだことが現実化する。そのような成功体験は、夢や願望をかなえるためにとても重要です。

子どもに成功体験をさせる絶好のチャンスが、クリスマスや誕生日です。

まず、夢や願望があれば、「～がほしい！」と言葉にしないと、プレゼントはもらえません。自分が一番ほしいものは何か、子どもなりに考え、向き合う時間です。

ほしいもの、得たいものが明確で、すぐ言葉に出せるほどかないやすくなります。それだけ願いに意識が向いているということです。

そこで、お子さんとイメージする練習をしてみてください。

イメージトレーニングのコツは、「視覚・聴覚・嗅覚・味覚・触覚」の五感を使ってイメージさせることです。

ほしいものが決まったら、次はそれをより具体的にイメージさせる問いかけをします。

「それはどんな形で何色か」「どんな音がするのか」「どんな香りか」「触ったときの感じはどうか」「部屋のどこに置くか」「どんなふうに遊ぶのか」「遊んでいるときの気持ち」などを、具体的に質問していきましょう。

もうすでに手に入った、実現したかのようなイメージをさせることが大切です。

潜在意識はイメージと現実の区別がつきません。頭でイメージしただけなのに、すでにそれを手にした（できた）と潜在意識は思うのです。

手に入ったときの感情も併せてイメージさせる理由は、先にご説明したとおりそのほうが潜在意識のエネルギーが高まり現実化しやすくなるからです。

うちの娘は「クリスマスには、おもちゃのお化粧道具つきのドレッサーをもらえるように、サンタクロースへお願いしたい」と言っていました。

イメージトレーニングをした娘は、まだプレゼントが届いてもいないのに、クリスマスツリーに向かって、「プレゼントありがとう～」と言い、すでにプレゼントをもらったかのようでした。

そして、クリスマス当日、自分が願ったことが実現している。まさに、成功体験ですね。

自分が求めれば願いや望みや夢を得られる、という成功体験をしている人は、大人になっても願い、望み、夢を楽々と実現していくことができます。

しかし、イメージトレーニングをする上で、ひとつ注意点があります。

それは、**強く願い過ぎると逆に手に入らなくなる**、ということです。

たとえば、「絶対優勝するぞ！　一番になるぞ！」と顕在意識で強く願ったとします。

その願いの裏側には、「頑張らないと優勝できないかもしれない」「負けるかもしれない」という想いが隠れています。

すると、**潜在意識はその隠れた裏メッセージを受け取り、「優勝できない」「負ける」ようにエネルギーを注ぐ**のです。

あるお子さんの小学校受験のお話です。その学校はご主人の出身校でした。そのお宅では、みんなその学校に行くことが当たり前となっているようです。何の疑問もなくそこに入学するものだと思っています。

難関校でしたが、家族も子どもも「行くのが当たり前」と思っているので、見事合格されました。合格というかその学校に通い、卒業することが顕在意識でも潜在意識でも当たり前なので落ちようがありません。

潜在意識は、本当に思っていることに忠実に反応します。不安と恐れがあれば、それを現実化してしまうのです。

願いをかなえる秘訣は、何が何でもかなえるぞ！　頑張るぞ！　という努力、根性ではなく、そうなって当然、当たり前というレベルまで、イメージを作っていくことです。

「ダメ」「ムリ」の言葉をやめる

受講されたお母さん方が、「よくこの言葉、言っている！」とおっしゃるのが「ダメ！」という言葉。

子どもが、「これほしい〜」と言うと「ダメ！」。

子どもが、やってはいけないことをしたとき、あるいはこれからしそうなときにも

「ダメ！」。

とにかく一日の中で「ダメ」という回数が多いとみなさん気づかれます。

とても便利な言葉なんですよね。「ダメ」という二文字で、子どもを注意したり、止めたりすることができるので、ついつい使ってしまいがちですが、「ダメ」という言葉で終わっては、とてもまずいのです。

子どもは「ダメ」と言われると、一瞬固まります。強く言われると特に固まります。親としては、「その行動がダメ！　やってはいけない！」と、「行動」について言っているつもりでも、「ダメ」だけでは、何がダメなのか子どもにはわからないのです。わからないのに言われ続けると、子どもの潜在意識に「私（ぼく）がダメなのかな……」と存在がダメだという台本ができてしまうのです。

親は、そんなに深い意味はなく、手軽な言葉として使っているつもりでも、「ダメ」と言われ続けると、自己肯定感は育まれず、「自己否定」や「無価値観」というような台本ができてしまいます。「自己否定」や「無価値観」という台本があると自信が持てず、本来持っている能力が発揮できません。

「ダメ」という言葉は何を「ダメ」と言っているのでしょう？

存在や人格ではないですね。「行動」です。しかし、子どもには「行動」なのか「人格や存在」なのかわからないのです。きちんと何が「ダメ」なのか伝えましょう。

他にも「ちゃんとしなさい！」「いいかげんにしなさい！」も同様に注意が必要です。

子どもには「ちゃんと」や「いいかげん」という言葉が何を示しているのかがわかりません。きちんと、どんな行動をしてほしいのか言葉で示しましょう。

言葉で伝えることで、その行動を頭の中でイメージできます。イメージできればそれを行動に移しやすくなります。子どもが行動しやすいように言葉をかけましょう。

また、「ムリ！」という言葉にも気をつけましょう。

「ムリ」という言葉は、可能性を閉じる言葉です。

子どもが「これほしい」「これやってみたい」「これになりたい」など、望みを言ったとき、すぐに「ムリ！」と否定してしまうと、「自分にはやれないんだ」「自分は手に入れられないんだ」「自分は求めてはいけないんだ」と自分が望むことを禁止・否定するようになります。

やる前から「ムリ！」とあきらめてしまう台本ができてしまうのです。

「大げさじゃない?!」と思われるかもしれませんが、「ムリ」と日々言われ続ければ、本当にできることでもひと言目に「ムリ」と言い、子どもはやろうとしなくなります。「ムリ」というのはすべてのことではないですね。何が「ムリ」なのか、なぜ「ムリ」なのか、どうしたらできるのか伝えていきましょう。

たとえば、6歳からが対象年齢のおもちゃを4歳の子がほしがったとします。「ダメ」「ムリ」とあきらめさせるのではなく、まずはそのほしい気持ち、理由を聞いて受け止めます。

そこで、否定はしません。「そうなんだね、○○ちゃんは、～がほしいんだね（やってみたいんだね）」「やってみたいって思う気持ちはステキだね」「おもしろそうだもんね、ほしくなっちゃうよね」と共感の言葉を伝えます。

そして、今はできない理由、買えない理由を伝え、どうなったら、あるいはどうしたら手に入れられるか（やれるのか）を伝えます。

「6歳になったらできるよ」「誕生日に買おうね」「もっと他にないか調べてから決めようか」など、提案をしてみましょう。

子どもは、自分の望みを受け止めてもらえ、共感してもらえた安心感があれば、親の言う言葉を素直に受け止められるようになります。

また「自分は尊重してもらえている」というポジティブな台本を作ることができます。

親の口癖は子どもに移ります。親が「ダメ」「ムリ」とよく言うと、子どもも自然とその言葉を学び、使うようになります。

そしてその言葉のイメージどおり、否定的になり、可能性を閉じる台本に沿って生きていくことになります。

失敗から素早く立ち直れる魔法の言葉

あるお母さんからの相談でした。お子さんがテストの点数が悪かったことをきっかけに、いろいろなことに前向きに取り組まなくなってしまったということでした。

お子さんは自信を持って臨んだテストだったようで、かなり落ち込んでしまったようです。

お母さんが「次、頑張ればいいじゃない」「次は大丈夫よ！」と励ましても、「うん……」と言うもののあまり変化はありません。「どうせやってもムリだし」「自分なんてダメだ」という言葉がよく出ていたようです。

こんなときはどうしたら良いでしょう。どうしたらまた前向きになってくれるでしょうか。

テストが悪かったということを、本人がどう捉えているかがポイントです。

落ち込むということは、テストが悪いことを子どもは「失敗」や「良くないこと」として捉えていると考えられます。

私たちの感情は、出来事に対する解釈・意味づけが変われば、それに伴い変化していきます。

テストの点が自分の期待より悪かった（出来事）
↓
良くないこと、失敗（解釈・意味づけ）
↓
「自分なんてダメ」「どうせムリ」というネガティブな感情を持つ（感情）

この流れが0・1秒ほどの時間で頭の中で処理されています。もちろん、「無意識」にです。起こった出来事は変えられません。しかし、解釈・意味づけは変えることはできます。

テストの点が自分の期待より悪かった（出来事）
↓
良いこと、勉強法を見直す良い機会（解釈・意味づけ）
↓

「次、頑張ろう」「もっと良くなる」というポジティブな感情を持つ（感情）

このように、解釈・意味づけが変わるだけで、感情が変わります。「失敗」が落ち込ませる原因ではなく、その子の解釈・意味づけが落ち込む原因なのです。

そして感情は行動に影響します。うれしい、楽しい、ウキウキ、ワクワクするポジティブな感情のとき、行動は積極的になります。

反対につらい、苦しい、悲しいなどのネガティブな感情のとき、行動は消極的になります。

励ましても効果がないのは、感情の基となる解釈・意味づけが変わっていないからです。そのときは立ち直っても、また似たような出来事があれば、同じように落ち込みます。

この解釈・意味づけの基となっているのが台本です。

先ほどのお子さんはおそらく「完璧にやらないといけない」「優秀でなければならない」「評価されないといけない」という台本がありそうです。

そのような台本があるから、テストの点が悪かったことを「失敗」や「良くないこと」と、捉えてしまったのです。

すでにネガティブな台本が作られていたら、すぐに台本を変えるのはむずかしいです。いきなり台本を変えるのではなく、少しずつ解釈・意味づけを変えるトレーニングをしていきます。

どの解釈・意味づけが正しくて、正しくないというものはありませんが、考えていただきたいのは、幸せになる解釈・意味づけを育むことです。

我が家では、失敗したとき娘と「失敗！　おっぱい！　大成功！」と大きな声で言って、２人で大笑いします。

笑うと気持ちの切り替えができます。お母さんが率先し明るく言ってみてください。「失敗はダメなことではなく、成功につながる大切な経験である」という解釈・意味づけを育むための言葉です。

潜在意識にインストールすると、安心して失敗できる、間違えられる。失敗するからもっと良くなれる。失敗をしたとしても、またチャレンジすれば大丈夫だという台

本を作ることができます。

先日、娘の習い事に必要なものを、私が家に忘れていってしまいました。

私は「やっちゃったよ～、失敗！」と言ったら、すかさず娘は「失敗、おっぱい、大成功～！　だよ」と笑いながら言ってくれました。

「そうだった、そうだった！」と言い、対応しました。

結果的にお借りして問題なく終えられました。すると娘が「やっぱり大成功だったね」とニコリ。「そうだね。何とかなるね。でもお母さんも次から気をつけるし、○○ちゃんも助けてね！」と言うと、「うん、かばんの中、行く前に見てあげるね」と言ってくれ、それから娘にサポートしてもらっています。

娘の中には、「失敗は悪いことではなく、なんとか対処できるものであり、その後を良くする出来事」という解釈ができているようです。

潜在意識に新たな解釈・意味づけをインストールするには、くり返しの言葉が必要です。

出来事が起こったあとに、幸せになる解釈・意味づけをお母さんがしましょう。

もし、お子さんからネガティブな解釈・意味づけの言葉が出てきたら、まずは受け止め、「それって本当かな？　別の考え方ないかな？」と質問をし、解釈・意味づけの視点を広げてあげてください。

ついてしまったネガティブなセルフイメージを取る方法

「ネガティブなセルフイメージがついてしまったら、一生変わらないんですか？　すでに子どもは小学生、もう手遅れでしょうか？」

ある受講者の方から、こんな質問を受けたことがあります。

いえいえ、手遅れということはありません。いつからでも変えることができます。大人になってからでもセルフイメージは変えることができるのです。

方法はいろいろありますが、ここではまず、ネガティブなセルフイメージを取る方

法をお話しします。

セルフイメージは、「自分のことを自分でどう認識しているか」ということを「私は〜だ」という言葉で表現されるものです。自分に対する「台本」です。


「私は、落ち着きがない」

「私は、バカだ」

「私は、飽き性だ」

「私は、やることが遅い」

「私は、怒りっぽい」


私たちは、潜在意識に書き込まれたセルフイメージどおりに振る舞います。

ネガティブなイメージであっても、それが自分らしいのです。ですから逆に、セルフイメージとは違う自分は「違う！」と否定してしまいます。

たとえば「やることが遅い」というセルフイメージを持った子が、たまたま早く終えられたとします。すると**潜在意識は「これは違う」と元に戻そうとします。**

つまり、遅くし「やることが遅い自分」にまた戻るのです。なぜなら、それが一番自分らしいからです。

潜在意識は、どのセルフイメージが良くて、どれが悪いという判断をしません。またそれが本当かどうかもわかりません。本当はやれば早くできる人もセルフイメージが「遅い」であれば、遅くなってしまうのです。

ネガティブなセルフイメージがあると、本来持っている能力を発揮できません。

ネガティブなセルフイメージを取りのぞく第一歩は、**セルフイメージは「本当の自分ではない」と気づくこと**です。

私たちは「セルフイメージ＝自分」と思い込んでいますが、セルフイメージは本当の自分ではなく、潜在意識が作った台本のひとつです。

まずはそのセルフイメージと本当の自分を切り離すために、**ネガティブなセルフイメージをキャラクター化させましょう。**

たとえば、お子さんが「自分＝三日坊主」という、ネガティブなセルフイメージを

持っているとします。

それを、決めたことが長続きしないのは別のキャラクターのせいとして、自分とセルフイメージを切り離せるような声がけをしていくのです。

別のキャラクターによってそうさせられている、と思うだけで、「自分≠三日坊主」になり、ネガティブなセルフイメージを自分と切り離すことができます。

「〇〇くん（ちゃん）、『おサボりおばけ』が来たね。おサボりおばけのせいで、今日はできていないね。よし、おサボりおばけを退治しよ～」と、お子さんとおもしろおかしく、おサボりおばけを退治してください。

何事も済ませるのが遅い子には『のんびりカメカメ』、怒りっぽい子には『ぷんぷん虫』といった具合に、愛らしく脱力できる名前のキャラクターにするのがポイントです。

潜在意識は現実とイメージの区別はありません。イメージの中で退治できれば、なくなるのです。

ネガティブなセルフイメージと自分を一体化させている子どもを叱ったり注意したりすると、「自分はダメだ」と自己否定的になりやすいですが、キャラクター化すると問題と自分を切り離し、自己肯定感を下げずに改善できます。

前提が変わると子どもが変わる

私たちの言葉には、かならず前提というものがあります。

「どうしてできないの?!」（前提「劣っている」「できない存在」）

「なんでわからないの?!」（前提「わからない人」「わかろうとしない人」）

「どうしてやらないの?!」（前提「やる気がない」「やろうとしていない」）

言葉を振り返れば、どんな前提があるかわかります。

否定的な前提があれば、どうしても否定的な言葉や態度になりがちです。

親に否定するつもりはなくても、子どもは言葉の後ろに隠れている前提という裏メッセージを受け取ってしまいます。

すると、「どうせ私（僕）はできない」「どうせ私（僕）にはわからない」「どうせ私（僕）はやる気がない」というセルフイメージの台本ができてしまうのです。

また、このようなネガティブな問いかけは、子どもにネガティブな思考をさせます。「どうしてできないの？」と問われた子どもたちの頭の中では、「どうして私（僕）ってこんなにできないんだろう？」とできない自分をイメージします。

同様に、「なんでわからないの？」と問われれば、「どうして私（僕）はわからないんだろう？」とわからない自分をイメージして、「どうしてやらないの？（やれないの？）」と問われれば、「どうして私（僕）はやらない（やれない）んだろう」とやらない、やれない自分を潜在意識でイメージするのです。

こういった思考を日常的にくり返せばくり返すほど、台本が書き込まれていきます。脳はわからないことを嫌います。問いかけをされると、その答えを出そうと一生懸命考え、答えを探すのです。

顕在意識では忘れてしまっても、「なんでできないの？」という問いかけに、潜在意識はずっと答えを探し続け、自分ができない理由、能力のなさ、自分のダメな部分をどんどん発見していくのです。

答えが出ないような問いかけや、ネガティブな答えが出るような問いかけは使わないほうが良いでしょう。

「やってほしい、わかってほしい、できるようになってほしい」という、本当のメッセージを伝えるには、前提そのものを変える必要があります。
「どうしてできないの?!」は、「どうやってやろうか？」という、できる前提に。
「なんでやらないの?!」は、「いつからやる？」という、やる気がある前提に。
「なんでわからないの?!」は、「どうやるとわかるかな？」という、わかる人である前提に変えていきましょう。

人の行動が変わるには本人に「気づき」が必要です。「気づき」は普段考えていない領域にあります。お母さんの問いかけによって、子どもが今まで考えていなかった領域に光を当て、未来に向けての行動を引き出すことができます。

すると子どもは「どうやったらできるかな？」「どうしたら、次うまくいくかな？」と建設的に考えられるようになります。

そして、「自分はできる」というポジティブな台本ができ、セルフイメージが高くなります。前提は無意識です。日ごろ、どんな前提で子どもに言葉をかけているか振り返ってみましょう。

第3章

子どものタイプによって変わる
効果的なアプローチ

潜在意識にある才能の4つのタイプ

人には4つの才能タイプがあります。**この才能タイプはひとつだけではなく、2つのタイプを持ち合わせると言われています。**

ひとつは環境によって作られ、もうひとつは生まれ持った資質です。

環境とは家族や友だち、先生など外的な影響です。クラス替えがあったり、引っ越したり、進級したりと身を置く環境が変わるとタイプも変わっていきます。

一方、生まれ持った資質は根本的には変わらないことが多いでしょう。

子どものころはこの生まれ持った資質的な才能が前面に出ます。ときには、子どもの持つ才能が、親の期待するものと異なるケースもあるかもしれません。

たとえば、親はとても落ち着きがあり慎重なタイプで、子どもは社交的でアクティブなタイプだったとします。親としては「もっと落ち着きがあるタイプならいいのに」と思い、子どもに注意を促すかもしれませんが、才能タイプには優劣はありません。どれもすばらしく、才能を活かすことでその子らしい人生を歩むことができます。

才能を活かすには、子どもの才能タイプに合った言葉がけやかかわりをしないと、**その子が本来持っているはずの個性をうまく引き出すことはできません。**それどころか、ネガティブな台本によって才能が潰されてしまうことさえあります。

強みを活かすため、子どもの潜在意識にポジティブな台本を作れるように、才能タイプに合わせた言葉がけやかかわり方をしていきましょう。

【情熱タイプ】リーダーの才能

「目標志向、判断、支配、行動的」

人から指示や判断、コントロールされることが好きではありません。

それよりも自分で考え、行動していきたいタイプ。強い意志があり、あまり人の意見に耳を傾けられないことがあります。

自分が思ったことをストレートに伝えられ、決めたことはすぐに行動に移します。

友だちの中でも中心的な存在で、まわりをまとめるリーダー的役割を自然と担っています。また、小さい子の面倒を見る、面倒見が良いお兄ちゃん、お姉ちゃんタイプです。

■強み
＊自己主張、意志、リーダーシップ、目標意識、向上心、チャレンジ精神、行動力

■弱み
＊意志が強く他の意見を受け入れられない
＊結果にこだわり過ぎて、プロセスを楽しめない
＊感情的になりやすい。感情が態度や表情に出やすい

■才能を活かすポジティブな台本
＊人を巻き込めるリーダーであり、影響力を持っていること
＊むずかしいことでもチャレンジし、やればできる力があること
＊困った人、弱い人を助ける力があること

■気をつけたいネガティブな台本

＊成果だけ評価し続けると、「成果が出せない自分は認められない」というネガティブな台本ができてしまうので、成果が出なかったときはダメ出し、過度な励まし・慰めは不要です。「次はきっとできる！　頑張ろう」と、短い応援の言葉を伝えましょう。

＊正義感・責任感が強いので面倒見も良いでしょう。

しかし、その期待に応え過ぎて自己犠牲的になってしまうことがあります。「お兄ちゃんなんだから（お姉ちゃんなんだから）」や「もう○歳なんだから！」など言い過ぎると、自分のことを我慢するようになります。

＊リーダーシップが取れるので、周囲から頼られることが多いでしょう。その半面、「自分の弱さを出してはいけない、素直に甘えてはいけない」という台本ができてしまいます。無理に頑張り過ぎて、悩みを相談できずに心を壊してしまうことがあります。過度に頼り過ぎず、ときに子どもが弱さを出して甘えられる環境を作ってあげましょう。

【感覚タイプ】ムードメーカーの才能

「注目、称賛、影響、前進」

ユーモアがあって、どこに行っても人気者でまわりは笑いが絶えません。どんな場でもものおじせず、本番に強いタイプです。想像力・創造力があり、新しいことを作り出すのが得意です。変化やアクシデントに強く、柔軟に対応できます。前もって準備しながら臨むのは苦手ですが、土壇場でやり抜く対応力があります。どんなことでも楽しめる力があり、困難があっても柔軟に乗り越えていけます。楽観的で失敗や落ち込む出来事があっても立ち直りが早く、打たれ強いところがあります。

■強み

＊ユーモア、コミュニケーション、器用、柔軟性、創造力、想像力、好奇心

■弱み
＊細かいことが苦手、ケアレスミスが多い
＊継続性に欠ける、忘れっぽい
＊感情のムラがある

■才能を活かすポジティブな台本
＊個性的な発想力で新しいことを生み出していけること
＊ユーモアで周囲を楽しませるムードメーカーであること
＊素早い行動力としなやかな対応力で問題を乗り越えられること

■気をつけたいネガティブな台本
＊瞬発力はあるのですが、好奇心旺盛ゆえに、何事も続かない傾向があります。それが続くと「自分は続けられない、飽き性」というセルフイメージができてしまいます。
自力ではできなくても、他者の力を借りたり、続ける工夫をすればできるという体験

をさせましょう。
＊やることは速いのですが、雑なところがありケアレスミスが目立ちますが、あまり細かいところばかり責めてしまうと、速くできる才能が活かせなくなります。速さを承認しつつ、あとで明るく注意しましょう。
＊土壇場で対応する力があるので、なんとかなってしまう成功体験を持ってしまうことがあります。
「なんとかなる」という台本はポジティブでもありますが、「前もって計画して行ったり準備したりしなくても良い」という、時にネガティブな台本になることがあります。

ですので、いつもギリギリでバタバタしたり、周囲に迷惑をかけたりすることがあります。

なんとか間に合わせたり、形にすることはできますが、完成度が低くなったり、理想とはかけ離れたものになってしまうことが多いですが、それも「仕方がない」とあきらめる癖がついてしまいます。あきらめ癖がつかぬよう、納得するまでやらせきる成功体験も積んでおきましょう。

【貢献タイプ】サポーターの才能
「調和、支援、合意、受け身」

人の表情や空気を読むことが得意で、まわりへの気づかいができる優しい子です。自分のことよりも、友だちを優先し、お世話をするタイプです。友だちとぶつかることはなく、誰とでも仲良くやれます。

親が言うことも素直に聞くことができ、反抗したり、困った行動をしたりすることは少ないほうです。人の話は聞けますが、自分の気持ちや考えを伝えることはあまり多くはありません。

■強み
＊聞き上手、誰とでも合わせられる協調性
＊気づかい、気配り、人の気持ちを考えた言動

＊丁寧でプロセスを重視する

■弱み
＊消極的、受け身、行動に移すまでに時間がかかる
＊自分の意見が言えない、抱え込んでしまう
＊期待に応え過ぎて、自己犠牲的になりやすい

■才能を活かすポジティブな台本
＊人を助ける力があること
＊何事も丁寧できちんとできる力があること
＊人の気持ちがわかる優しい子であること

■気をつけたいネガティブな台本
＊自分のことより他人優先になり過ぎてしまい、自分の気持ちを出すことへの「罪悪感」を持ってしまうことがあります。

相手に合わせられる共感力、気づかいができるのは強みですが、「良い子でなければならない、相手を喜ばせなくてはならない」という台本から、自分を犠牲にしてでも相手を喜ばせようとしたり、自分の気持ちを押し殺したりしてしまいがちです。

子どもの気持ちや欲求を聞いて「言ってもいい、我慢しなくてもいい」と言葉をかけましょう。

＊周囲のことを気づかうがゆえに「迷惑かけてはいけない」「失敗してはいけない」という台本ができやすいです。

先のことや未体験のことに不安と恐れが強く、過度にチャレンジを恐れる傾向があります。

「失敗しても大丈夫」という言葉がけと雰囲気を作り、やりたい気持ちを行動に移させましょう。

＊自分の意見よりも親の意見を優先で聞いてしまうことで、だんだん自分で考えないようになっていきます。常に人に頼り、自分で決断しないということは、自分の人生の主導権を他人に預けてしまうことになりかねません。

人の意見を聞けるすばらしさにプラス、「あなたはどう思う？　どうしたらいいかな？」と問いかけをして、考える力を育みましょう。

【完璧タイプ】アナリストの才能

「論理、正しさ、慎重、分析」

「正しくありたい」という思いが強く、慎重に行動します。客観的に物事を捉え、はじめる前に、準備・計画をしっかり行い、間違いのない行動をするタイプです。

何事も丁寧・正確で最後までやり遂げる努力家です。なので、時間を必要とするタイプです。

納得すると行動は速いですが、納得できないと動かない頑固な部分もあります。

人とワイワイやるよりも、ひとりで集中してやりたいタイプです。周囲の人にはマイペースと映り、ときに頑固と言われることも。

アクシデントや急な予定変更に対し、柔軟に対応するのは苦手です。

■強み
＊情報収集、正確さ、目的意識、論理的、分析力、計画性、粘り強さ、集中力

■弱み
＊感情が表情や声のトーンに表れにくく、リアクションが薄いと取られてしまう
＊協同意識が薄い、なかなか内面を出さない
＊こだわりが強過ぎて、まわりには頑固、マイペースと取られてしまう

■才能を活かすポジティブな台本
＊深く考えられ、正確にできる力があるということ
＊決めたことはやり抜く集中力があるということ
＊準備・計画をしっかり行える力があるということ

■気をつけたいネガティブな台本
＊ひとりで集中したい気持ちが強いので、まわりとのコミュニケーションが少ない傾

向があります。

また、感情が表れにくいタイプなので、周囲に対してとっつきにくい印象も与えてしまいます。

本人からコミュニケーションを積極的に発しない、周囲からも発しにくいと、どうしてもコミュニケーションの量は少なくなります。少なくなればなるほど、コミュニケーションが苦手というセルフイメージができ上がります。

コミュニケーションは量だけが重要ではなく、少なくても濃く、質の高いコミュニケーションも重要であるという両面を教えていき、苦手意識を持たせないようにしましょう。
＊こだわりがあることはすばらしいですが、こだわるがゆえに他の人の意見が聞けない、視野がせまくなる傾向があります。自分が正しく、周囲の意見は間違っているという物事の見方が「批判」という台本にならないように、さまざまな物事の見方を教えていきましょう。
＊正確に物事をこなす才能がある分、ミスや失敗を極度に嫌います。
失敗を恐れ行動も遅くなりがちで、チャレンジもしたがりません。できる能力はあ

るので非常にもったいないです。
失敗が悪いという見方の台本ではなく、失敗は成功を導く価値ある体験というポジティブな台本を入れていきましょう。

タイプ別、子育ての陥りやすい問題

子どもだけではなく、親にもタイプがあります。そのタイプ別の子育ての特徴をみていきましょう。

【情熱タイプ】

■親の台本の傾向
＊正義感・批判：「～すべき」「～あるべき」と自分の考えがはっきりあります。
自分と合わない考え方や人に対し批判的になりやすいです。自分は悪くなく、周囲

や環境が悪いと考える傾向があります。

＊欠乏感・劣等感：とても頑張り屋で、優秀性を追求します。常に成長しようという向上心がありますが、いつも自分の足りない部分に不足を感じており、どこまでいっても満足しきれず、頑張り過ぎてしまうことがあります。

他人との比較、周囲からの称賛を気にします。立ち止まること、休むことへの罪悪感も強いです。

＊抱え込み：優秀でありたい気持ちが強くあるので、自分の弱さや欠けている点を隠そうとします。キャパオーバーになっても人に相談できず、抱え込み過ぎて、知らず知らずのうちにメンタルを崩してしまうこともあります。

■良い点

＊しっかり注意やしつけができる

＊子どもの自立を促せる

＊目標に向かって子どもを導ける

■注意点

＊子どもにも優秀性を求め過ぎる。条件つき承認（アメとムチ）が多くなり、子どもは不安を感じやすい

＊他人と比較、厳しくなり過ぎる

＊子どもが本音を言えなくなる。親が子どもを管理し過ぎてしまい、子どもは親の顔色を見てしまう

【感覚タイプ】

■親の台本の傾向

＊焦り：いつもギリギリにならないとエンジンがかからず、自分で自分を焦らせてしまいます。先延ばし傾向も強いです。子どもに「早く、早く」と言いがちになります。

＊思考不足：感覚的に物事を捉える傾向があるので、論理的に物事を考えたり、落ち着いて判断することが苦手で、他人に依存してしまったり軽率な判断をして後悔する

ことがあります。

＊失敗癖：ケアレスミスが多い、また思考不足から軽率な判断をしてミスをしてしまうこともよくあります。

「自分はよく失敗する」と、ミスが多いというセルフイメージを持ちやすいです。

■良い点

＊自由で楽しい雰囲気で、子どもと一緒に楽しめる

＊子どもをほめる、やる気にさせる

＊細かいこと、人の目を気にしないおおらかな子育てができる

■注意点

＊最後までやらせきれない、あきらめ癖をつけてしまう

＊教えるときや叱るときに、具体性や根拠に欠け伝わりにくい

＊子どもの本音、抱いている気持ちに気づけない

【貢献タイプ】

■親の台本の傾向

＊自己犠牲：自分を犠牲にしてでも家族のために尽くそうとします。子どもや家族に依存的になり、家族に尽くすことが自分の存在価値になってしまうのです。子どもが自立すると、無価値観を感じやすくなります。

＊罪悪感：自分の時間を持つことや自分の好きなことをすることに罪悪感を抱きやすいです。

また周囲の目を気にし過ぎ、子どもの問題を「自分が原因」と考え、自分を責めてしまいます。心配させまいと、人に相談することもなかなかできません。

＊恐れ：未来やリスクに過度な恐れと不安を抱いています。リスク管理ができることは才能ですが、考え過ぎてしまい行動が伴わないことがあります。

子どもが夢や目標を持ったとき、ブレーキになりやすいです。

■良い点
＊子どもに関心を持ってかかわり、安心感を与えられる
＊ありのままの子どもを受け止め、自己肯定感を育める
＊子どもの細かい変化や成長に気づける

■注意点
＊リスク管理をし過ぎる、親が手を出し過ぎると、子どもが自立できない
＊叱るべきときに、叱れない
＊子どもを優先し過ぎてしまい、自己犠牲になりやすい

【完璧タイプ】

■親の台本の傾向
＊恐れ：貢献タイプ同様、未来やリスクに過度な恐れと不安があります。

しかし、貢献タイプと理由は異なります。貢献タイプは人の目が気になる、人に迷惑をかけてはいけないという思いですが、完璧タイプは失敗やミスをしたくないのが理由です。失敗やミスがないという確信が持てれば行動は早いです。

＊完璧：家事・子育てにおいても完璧に行おうとします。自分のやり方があり、それに沿わないことは受け入れません。周囲にも強要するので窮屈な感じがします。

＊努力：完璧に行うための努力は惜しみません。納得がいくところまで学ぼうとします。結果を出すことより、努力することや自分が満足することに価値を見出します。

■良い点

＊感情的にならず、落ち着いて叱れる

＊具体的に教えたり、伝えたりすることができる

＊子どもを見守り、余裕ある子育てができる

■注意点

＊細かいことまで言い、管理してしまう

＊気持ちや感情が伝わりにくい
＊完璧性や正しさを子どもに求め過ぎてしまう

子どものタイプ別やる気の引き出し方

タイプによって、やる気が高まるポイントや好みのほめ言葉が違います。
やる気を出させようとほめても、タイプに合っていないほめ言葉は、まったく響かないのです。

【情熱タイプ】
＊高い目標を立ててチャレンジし、達成していくことにやる気が上がるのでちょっとむずかしい目標を立てます。負けず嫌いなのでむずかしいほどやる気になりますし、ライバルの存在がよりいっそうやる気の火を燃やします。
＊結果が出たら、タイミング良く「すごい！」「さすがだね！」と端的に結果を評価

します。プロセスや努力をねぎらってもピンとこないタイプです。
＊リーダータイプなので、頼られたり任されると俄然やる気が出ます。お手伝いなど役割を与え、頼りましょう。その際、細かい口出しはＮＧ！　やる気がそがれ、不機嫌モードに入ります。

【感覚タイプ】
＊注目されたい欲求が強いので、コミュニケーションの量を多くしましょう。ひとりでコツコツやるのは苦手なタイプ。勉強も話しながら、みんなでワイワイしながらのほうがやる気は高まります。あまり細かい管理をせず、自由にのびのびさせたほうがその子らしさが出ます。
＊ほめ言葉はちょっと大げさに「すご〜い！」「さすが〜！」「かっこいい！（かわいい！）」など、思いっきり持ち上げるように伝えましょう。目立ちたがり屋なので人前でほめられるのも好きです。
＊アイデアが豊富なので、何かを生み出す、作り出すことが喜び。それは大人から見

ると、「なにそれ？」と思う不可解なものもあるかもしれませんが、そこは「おもしろそうだね！」と関心を示しましょう。叱ったり、注意したりするのはその後です。

【貢献タイプ】

＊目標やチャレンジすることよりも、プロセスを大切にするタイプなので、結果を評価するよりも、どんなふうに頑張ったのかというプロセスをほめてあげましょう。

＊人前でほめられたり、注目されたりするのは苦手です。大げさにほめるよりも、「ありがとう」「助かっている」「うれしいな」とさりげなく、感謝や気持ちを伝える言葉がけをおすすめします。人に喜んでもらいたい気持ちが強い子ですから、本人がどんなふうに役に立っているのか、貢献を言葉にしましょう。

＊あまり自己主張するタイプではありません。抱え込みやすいところがあるので、時間をとって話を聞くように努めます。

4つのタイプの中で、「自分を見ていてほしい」という承認欲求が強いので、「あなたのことちゃんと見ていますよ」と細かい変化や行動にも関心を持ってあげましょう。

【完璧タイプ】

＊こだわりがあるタイプなので、「〇〇のところを工夫してやっていたね」など、こだわりポイントを具体的な言葉でほめていきます。

「すごいね」「さすがだね」という抽象的な言葉は響きません。このタイプの子は何事においても、具体的で正確な情報を求めるので、ほめるも叱るも、頼むのも具体的に伝えて考えさせましょう。

＊一番、じっくり考えてから行動するタイプです。すぐに宿題に取りかからないなどハラハラすることもあるかもしれませんが、本人なりに考えて準備をしているので、ペースを合わせ、待つ姿勢が求められます。邪魔をせず集中できる環境を整えてあげることが承認になるのです。

＊みんなでワイワイ遊ぶよりも、ひとりで本を読んだり遊んでいることが多いと、心配されるお母さんがいますが、このタイプの子たちはひとりで集中したい気持ちが強かったり、人間関係に慎重なところもあるので無理にみんなで遊ぶことを強要したり、

学校での出来事を詮索せず、本人が話したい気持ちになるまで待ちましょう。

子どもと親のタイプがミスマッチしているとき

子どもと親のタイプの組み合わせによって、思うように伝わらないことがあったり、「なんでそんなことをするんだろう?」と思うことがあります。

あるお母さんの体験です。中学1年生の息子さんが、マイペースでいつも宿題をギリギリにならないとやらないことに、お母さんはいらだちを感じていました。お母さんとしては、宿題は余裕を持って終わらせてほしいと思っていましたが、物事の進め方やペース配分が息子さんのタイプと違っていたようです。

子どものタイプは感覚タイプで、私は貢献タイプ。私がくどくど言っていたときは、「そういう言い方やめて!」と嫌がっていました。
月曜日に提出する宿題を、週末金曜の夜や土曜にやれたら、日曜は気楽に過ごせる

から楽なんじゃないかなーという私の勝手な思いで、「早くやったほうがいいよー」と声をかけていました。

　しかし、『子ども未来がっこう』で、才能タイプのことや子どもの才能を見つける天才カードクラスを受講したあと、金曜日の夜はゲームやパソコン、土曜日の午前は部活、午後は遊び。日曜日の午前はビデオで映画鑑賞、というのんびり姿を見ても、イライラは減り、「宿題、大丈夫～？　日曜の夜は寝れるのかい～？」って声をかけるくらいになりました。こちらがくどくど言わないから、気楽に好きなことをして、その後で、宿題に集中し、日曜の夜、12時過ぎることはなく宿題を終えています。

　くどくど言わなくても、自分でやることの順番を決めたり、やる気スイッチも自分で押せるんだなぁと感じました。

　このように、お子さんのタイプを知ることで、お母さんのイライラを減らしたり、子どもの主体性を引き出すことができます。

　特に注意しなければならない組み合わせがあります。

「情熱タイプ／貢献タイプ」

「感覚タイプ／完璧タイプ」

この組み合わせはペース感や進め方が異なるタイプなので、注意が必要です。

どうしても、親は親のタイプが好む言葉やペースでかかわろうとします。

しかし、タイプが違う子どもには残念ながら伝わらない、逆効果になることもあります。子どもに伝わる言葉で、子どもが求めるかかわり方をしていきましょう。

パートナーシップを育んで家庭内の笑顔を増やそう！

才能タイプは、パートナーや家族、周囲の方々のコミュニケーションにも有効です。

相手の才能タイプがわかるようになると、「だから、こう言うんだな」「そういう行動になるには理由があったのね」と相互理解が深まり、人間関係のストレスが軽減します。


【情熱タイプ】

＊コミュニケーション全体を短く終えたい傾向があります。結論から、要点をまとめてわかりやすく伝えたほうが良いです。状況説明や遠回しな表現を嫌いますので言いにくいこともストレートに言いましょう。
＊劣等感の台本を持つ方が多いので、関係性が築かれていない中でのお友だち言葉や上から目線の言動をしないようにしましょう。
＊強そうに見えて実は繊細な部分があります。自分の弱さを出してはいけないという台本があるので、それを隠すために強くあろうとしています。
　責任感も強く、誰にも苦しさや本音を言えず抱え込んでしまうことがあります。無理をしていそうなときは、話を聞くなどサポートしていきましょう。

【感覚タイプ】
＊頭の回転が速く、コミュニケーションのスピードが速いタイプです。話題豊富で話は尽きませんが、人の話は聞き流してしまう、あるいは内容を忘れてしまうことがあります。物事をざっくり抽象的に捉えるので、人の話も抽象的にざっくり捉えている

ためです。本人には悪気はありません。

悪気はないですから、もう一度伝える、あるいは忘れない、思い出すサポートをしましょう。

＊細かいことや正確性を求められることは苦手なタイプです。確認をするなどフォローが必要です。それよりも、みんなをまとめる役、盛り上げる役を担ってもらったほうが良いでしょう。

＊感覚、直感で物事を判断するところがあります。フットワークの軽さはすばらしいですが、周囲はそれが「ノリや思いつき」に思えてしまい、振り回されてしまうことがあります。それを現実的に、具体化するサポートをしてあげましょう。

【貢献タイプ】

＊自己犠牲の台本があるので、相手や周囲のことを気づかってしまい、自分のことはあと回し、自己犠牲的になってしまうことがあります。

あまり甘え過ぎてしまうと、信頼関係を壊してしまうことがあります。本音を隠し

てやりたくないことも引き受けて無理をしてしまうことがあるので、貢献タイプの方の余裕・状況をしっかり確認してお願いしましょう。
＊人の態度や表情をよく見ています。威圧的な態度が苦手で、萎縮してしまいます。コミュニケーションを取るときは優しく、やわらかい言動に努め安心感を与えましょう。
＊人の話を聞けることは強みですが、自分の意見を伝えることは苦手です。言わないからといって、意見がないわけではありません。きちんとあります。まわりのこと、人のことなどいろんなことを考え過ぎて言えないのです。
安心できる場所、時間をかけてじっくり話を聞きましょう。
また、考え過ぎて決断が遅れます。ひとりではなかなか決められないので、決断の後押しをするのもサポートのひとつです。

【完璧タイプ】
＊完璧という台本があるので、行動に移すまでに時間を要するタイプです。

「今すぐお願いします！」という依頼の仕方はやめましょう。できるだけ前もっての依頼をし、具体的な説明や情報を伝えましょう。「とりあえず」「ざっくりでいいから」という曖昧な言い方も困惑するので注意しましょう。

＊ひとりでいることが苦痛ではありません。大勢といるほうがストレスを感じるタイプです。ひとりでいるのを見ると、話しかけたほうがいいかな、とまわりは思うかもしれませんが、完璧タイプに関してはそのままにしておいたほうがいいでしょう。「話したいことがあれば自分から行動に移すので、それまではほっといてほしい」と言われる方もいます。

無理強いしたり、詮索し過ぎたりせず、適度な距離感を保ちましょう。

＊頑固なところもあります。何事も自分で納得できないとゆずれない、動かないところがあります。「なぜ、どうして」という理由や根拠を示して納得を得ましょう。

第4章

「潜在意識」が喜ぶ
ほめ方・しかり方

「子どもの脳」と「おとなの脳」はこんなに違う

子育てする上で、知っておくと良いことのひとつとして「子どもの脳」と「おとなの脳」は違うということがあります。

「何度言えばわかるの？」
「どうしてこんなことするの？」
「こんなことしちゃダメでしょ‼」

「子どもの脳」と「おとなの脳」の違いを知らずに、同じものだと思い込んでいると、こんなセリフを言ってしまうことがあるのです。

「子どもの脳」は、まだ完成されていません。まだまだ発達途中なのです。
先にご説明したとおり、脳は二重構造になっています。二重構造の下に位置するの

が潜在意識です。

脳科学的には、潜在意識は大脳辺縁系にあり、感情や自己防衛の本能、呼吸、睡眠、消化など生きていく基本機能を司っています。とても原始的、本能的な部分で、子どもたちの中で活発に働いている部分です。

お腹がすいたら泣く、思いどおりにならないとかんしゃくを起こすという反応は、この「子どもの脳」である大脳辺縁系（潜在意識）が反応していると考えられます。

一方、「おとなの脳」ですが、脳科学的には、顕在意識は脳の前頭葉にあると考えられています。前頭葉は、別名『脳の司令塔』と呼ばれており、感情のコントロール、理性、思考、計画、コミュニケーション、判断など社会で生きていく上で必要な力を司っています。

前頭葉は生まれたときは未発達で、徐々に発達していき、大人になるころ完成します。

親が「なんで、どうして」と子どもを叱るときは、「子どもの脳」である子どもに対し、「おとなの脳」のレベルを求めていることが多いです。

4歳の娘が、駐車場で拾った石を投げたことがありました。周囲には車が止まっており、石を投げることはとても危ない行為です。

幸い、石は車にも人にも当たらず問題は何も起こりませんでした。

ですが、私は娘の行動を見て思わず、「こんなところで石を投げるなんて危ない!!」と強く言ってしまいました。娘は、きょとんとした顔をしていました。

「車が止まっている駐車場で、石を投げるって、いけないことだってわかる？」と尋ねると、「わからない」と答える娘。

「石が人や車に当たると、ケガをしたり車に傷がついちゃうね、わかるかな？」と説明すると、「うんわかる、危ないね」と理解を示しました。

娘としては単純に「おもしろそう、たのしそう」という好奇心で石を投げたのでしょう。

石を投げるとどうなるか、先のことを考え、判断することは「おとなの脳」からすれば当たり前のことですが、「子どもの脳」では、瞬時に考え、判断することはでき

ません。

子どもに対して、「おとなの脳」と同じように判断したり、行動してほしいと期待しても、未発達な子どもたちには現実的に無理なのです。

「子どもの脳」は潜在意識がむき出しになっています。

「ダメでしょ」「なんでこんなことするの?!」と、子どもを否定する言葉がダイレクトに潜在意識へ入っていきます。つまり否定的な台本、セルフイメージが作られやすいということです。

大切なことは、「子どもの脳は、大人とは違う。まだ発達途中である」と心に留め、子どもの脳の発達に合わせて、期待値を変えていくことです。

期待値が変わるとかける言葉も変わってきます。

怒りは爆発・我慢するものではなく、伝えるもの

私のところにくる相談内容で一番多いのが、「怒りたくないのに怒ってしまう」「子どもにイライラする」というような内容です。

いつもニコニコしている、やさしいお母さんでありたいけれども、日常は理想どおりにはいかないようです。


怒りに対応するには、まず怒りについて知ることからはじめましょう。

怒りだけではなく、すべての感情には意味があります。感情は心のサイン、メッセージです。感情があるから私たちは自分を知ることができるのです。ですから、怒りを含めたすべての感情は、我慢するものではないのです。

否定することなく、「どんなメッセージなんだろう」と意識を向けてみましょう。

では、怒りの感情にはどんなメッセージがあるのでしょうか。


あなたが怒っているとき、本当に怒りの感情をぶつけたいだけなのでしょうか？

きっと違いますよね。本当は怒りたくなんてないと思います。

じゃあ、本当に伝えたい気持ちって、何でしょう？


「子どもが言うことを聞いてくれない（怒）」

「何度言っても、聞いてくれない（怒）」

この怒りの感情の下には、「お母さんの話を聞いてほしい」「聞いてもらえなくて悲しい」という、本当に伝えたい気持ちや想いがあります。

でも、本当の気持ちや想いを言葉にせずに、怒りの感情だけが言葉や態度に表れています。子どもには「聞いてほしい」「悲しい」という気持ちはまったく伝わりませんね。それよりも「自分は否定されている」という部分が子どもの潜在意識に入ってしまいます。

伝わらないから、余計に腹が立つという悪循環です。

「怒りを子どもにはぶつけずに我慢をしている」というお話もよく聞きます。

我慢をすれば一時的にはいいかもしれませんが、本当の気持ちや想いが言葉になっていませんので、子どもには伝わりませんね。

我慢をするのは、無意識にお母さんの中に、「自分の本音は言ってはいけない」というような台本がありそうです。

自分の本音を言うことが許されなかったり、良しとされなかったりした経験があると、自分の本当の気持ちを人に言うことができなくなります。

我慢に我慢を重ねると、いつか大きな怒りで爆発してしまいます。

大きな爆発にはならなくても、不機嫌そうにしていると子どもは「自分のせいかな？」と無意識に罪悪感を抱くようになります。

親の顔色をうかがいながら、またその子も自分の本音が言えないようになっていきます。

これが「罪悪感」や本音が言えない「抱え込み」という台本となり、大人になってからの人間関係に影響します。

怒りの下にある本当の気持ちを「お母さんは、〇〇ちゃんに、お話を聞いてほしいんだ」「お母さんは、悲しいんだ」「お母さん、困ってるの」といったように、主語を自分（わたし）にして伝えましょう。

自分の気持ちや相手にしてほしいことが伝わりやすくなります。

怒りは、そこに「私には伝えたい想いがある」「私には大切にしたいことがある」と教えてくれているのです。

怒りの感情が伝えようとしているメッセージ、受け取っていきましょう。

何度叱っても変わらないＮＧな叱り方

何度子どもに厳しく言っても、伝わらない叱り方があります。

「ちゃんとやりなさい！」
「きちんとしなさい！」
「しっかりしなさい！」

これらはすべて、伝えたいことが伝わらないため、もったいないＮＧな叱り方です。

そもそも叱るとはどういうことでしょう？

叱るというのは、性格の改善、意識の改善ではありません。行動の改善です。

娘の幼稚園では、朝、入り口に立たれている園長先生にあいさつをしてから中に入るようになっています。

娘は、年配の男性が苦手で、園長先生を目の前にすると、顔はうつむき、小さな声であいさつし、逃げるようにその場から立ち去って行きます。

こんなとき、「ちゃんと、園長先生にあいさつしよう」「元気にあいさつしよう」と伝える方もいるでしょうが、実はこれでは直りません。

なぜなら、**「ちゃんと」**や**「元気に」という言葉は、とても抽象的だから**です。

大人であれば今までの経験から、「ちゃんとしたあいさつってこういうあいさつかな」とか「元気なあいさつってこうだよな」とイメージできます。

ところが、経験がない子どもは、「ちゃんと」や「元気に」と言われても、具体的にそれをイメージできないのです。

人は、脳でイメージできたことしか行動に移せません。叱ったり、注意したりするときは、子どもがイメージできる言葉で伝えないと子どもは行動できないのです。

娘の場合、「園長先生の前に立ったら、顔を上げようね」「園長先生の目を見ようね」「園長先生に聞こえる声の大きさであいさつしようね」と、一つひとつ具体的な行動で伝えるようにしました。すると、だんだん元気なあいさつができるようになっていったのです。

子どもがイメージできない抽象的な言葉で伝えているから、子どもはあなたが期待する行動ができないのです。

遊んだあとのおもちゃが片づけられてない
ＮＧ「ちゃんと片づけなさい！」
ＯＫ「おもちゃを箱に入れよう」

お友だちを叩く
ＮＧ「そんなことしたらダメじゃない！」

OK「自分の気持ちは、叩くんじゃなくて言葉で気持ちを伝えようね」

朝、ダラダラして支度をしない
NG「ダラダラしないで早くしなさい！」
OK「時計の長い針が〝6〟になるまでにやろうね。まず、パジャマを脱ごう」

このように、子どもたちがイメージできる行動を伝えましょう。

子どもですから、一度伝えても次からきちんとできるとはかぎりません。しつけはできたり、できなかったりのくり返しです。
それなのに、「何度言ったらわかるの?!」「何回も言わせないで！」「この前も言ったでしょ！　なんでできないの?!」と、否定的に言うと、子どもの潜在意識にネガティブなセルフイメージができてしまいます。
子どもが「私はできないダメな子」「私は言われてもわからない子」という台本を作らないように、できるだけ子どもに伝わる叱り方をしましょう。

郵便はがき

切手をお貼りください。

102-0071

東京都千代田区富士見
一―二―十一
KAWADAフラッツ一階

さくら舎 行

住所	〒　　　　都道府県
フリガナ		年齢	歳
氏名		性別	男　　女
TEL	(　　　)		
E-Mail			

さくら舎ウェブサイト　www.sakurasha.com

愛読者カード

ご購読ありがとうございました。今後の参考とさせていただきますので、ご協力をお願いいたします。また、新刊案内等をお送りさせていただくことがあります。

【1】本のタイトルをお書きください。

【2】この本を何でお知りになりましたか。

1.書店で実物を見て　2.新聞広告(　　　新聞)
3.書評で(　　　)　4.図書館・図書室で　5.人にすすめられて
6.インターネット　7.その他(　　　)

【3】お買い求めになった理由をお聞かせください。

1.タイトルにひかれて　2.テーマやジャンルに興味があるので
3.著者が好きだから　4.カバーデザインがよかったから
5.その他(　　　)

【4】お買い求めの店名を教えてください。

【5】本書についてのご意見、ご感想をお聞かせください。

●ご記入のご感想を、広告等、本のPRに使わせていただいてもよろしいですか。
□に✓をご記入ください。　□ 実名で可　□ 匿名で可　□ 不可

自己肯定感を高めながら叱る

「叱ると子どもの自己肯定感を下げるのでは？」という質問を受けます。

そうですね、伝え方によっては子どもたちにネガティブな台本を作り、自己肯定感を下げる可能性があります。

叱るというのは「行動の改善」であり、人格を変えることや価値観を変えることではありません。ですから、まず、叱る的を「行動」にしっかり絞ることが大切です。

ところが、大人はつい子どもの人格を否定するような叱り方をしてしまいます。


「もう小学生なんだから、こんなことしちゃダメでしょ」

「ぐずぐずしているから遅くなるのよ」

「そんなことする子、嫌いよ」


こういった伝え方は、子どもの人格を否定するような言葉です。

人格ではなくて、どの行動がいけないのか、どんなふうに行動を変えていけば良いのか伝えます。

そうでないと、子どもは「自分がいけないんだ」「自分の存在が否定されている」と無意識に感じて、自信が持てない台本を潜在意識の中に作り上げていきます。

自己肯定感を下げずに叱るポイントは、「自分は愛されていない、否定されている」というネガティブな台本ではなく、**「大切にされている、愛されている、認められている」という台本を作れるように叱ること**です。

①感情を受け止め、行動に的を絞る

たとえば、兄弟でおもちゃの取り合いをしていた場合、

「お兄ちゃんなんだから、弟にゆずりなさい」

↓

「おもちゃで遊びたかったんだね（感情受け止め）、順番こに遊べるかな？」

お母さんに感情を受け止めてもらえると、子どもは安心できます。

先にご説明した「子どもの脳」である潜在意識は、感情を司る原始的で本能的な部分で、**子どもたちの中で活発に働いている部分**です。

思いどおりにならないとかんしゃくを起こすというのは、潜在意識が反応しているのです。まずそれを落ち着かせないと、子どもはこちらの話を聞けません。安心して心の余裕が持てないため、かたくなに言うことを聞かなくなります。

お母さんに気持ちを受け止めてもらえた安心感が、聞く耳を持たせるのです。

②愛しているメッセージを送る

「叱られている＝存在を否定されている」とならないように、ひと言、言葉を添えて伝えます。

「お母さん、○○ちゃんが大好きなんだ。だけど、～するのは良くないと思うんだ」

「ママは、○○君がとっても大切なの。だから、大切な○○君にはこういう危ないことはしてほしくないんだ」

叱る言葉の前に「大切に思っている」「好きである」というような、言葉を伝えましょう。「愛されている」前提で、叱る言葉が伝えられるので子どもは安心して、聞く耳を持つことができます。

伝えるときのポイントとして、目線は子どもの目線よりも下から伝えます。子どもにとって、大人はとても大きく映ります。上からの目線で叱られていると、より高圧的に映るので、目線はできるだけ下から、子どもの目線のほうが上になるぐらいに伝えると効果的です。

そして、「愛している」メッセージを伝えるのは、言葉だけでなくギュッと抱きしめる、なでるなど態度で示すのも効果的です。

怒ったあとのリカバリー

怒らないようにしていても、怒ってしまうこともあるでしょう。

怒ってしまって、後悔し、子どもの寝顔に「ごめんね……」と謝る。そして自己嫌悪に陥る……。

それでは遅いです!!

寝顔に謝って自己嫌悪に陥る前にリカバリーしなければ、子どもにはあなたの想いは伝わりません。「僕（私）が悪いんだ」と子どもにネガティブな台本を作って終わってしまいます。怒ってしまった事実は変えられません。

これを機会にぜひ、リカバリーに力を注ぎましょう。

リカバリー① 不機嫌モードを切り替える

言葉で何も伝えていなくても、親が不機嫌でいると子どもは「自分が悪いのかな……」と自分を責める気持ちになりやすいです。

怒りの感情が爆発してしまったあとは、気持ちを切り替えましょう。

私はひと言「ごめん！ お母さん、怒っちゃった！」と率直に謝ります。すると娘は「いいよ～、そういうこともあるよね」と言ってくれます（娘のほうが大人の対応?!）。

いつまでも引きずらないことです。

リカバリー② 笑う

気持ちをパッと切り替える方法として、笑うことをおすすめします。

子どももお母さんに怒られてしゅんとしているでしょう。そんなときは、子どもをくすぐって笑わせます。笑わせながら「ごめんね～、仲直りしよう」と切り替えます。怒ったあとは、できるだけ早めに雰囲気を変えるようにしましょう。

脳科学の分野においても、楽しくなくても笑うことでポジティブな感情になると言われています。**感情は筋肉にも記憶される**と言われています。**潜在意識同様、筋肉に感情が記憶されている**というのです。

肩が落ち、前かがみの姿勢を取ると、その姿勢のときの記憶を自然と思い出すのです。

そのような姿勢のときは落ち込んでいるときが多いですよね。落ち込んでいなくても肩を落として、前かがみで溜め息なんてついてみたら、だんだん気持ちがネガティブになっていきます。

同じく、**楽しくなくても笑うと、表情筋は笑ったときの感情を思い出し、ポジティ**

ブな感情になるということです。

リカバリー③　過去を引きずらず、良い未来をイメージさせる

私たちは怒りの感情が収まらないとき、過去にとらわれていることが多いです。言い換えればネガティブな台本に支配されているとも言えます。

台本は過去の記憶を基に作られています。「またやって」「いつもじゃない」「なんど言ったらわかるの」と、前のことを思い出すから余計に腹が立ちます。

叱るときは、過去は持ち出さず、今、そのときのことに的を絞ります。

なぜなら、「いつも、また、何度も」と言えば言うほど、子どもには「いつもできない」セルフイメージが作られてしまうからです。

たとえば、「また寝坊して」「何度言ったら自分で起きられるの?!」と言えば言うほど「寝坊するセルフイメージ」が子どもに作られていきます。

私たちはセルフイメージ、つまり台本どおりの行動をしようとするので、親は注意しているつもりでも、親の言葉が「寝坊」を作っているのです。

ですから「いつも」「また」「何度も」というような、過去を引きずった言葉は使わず、良い未来を描くようにしましょう。


「明日〇時に起きて、まずは何する?」

「明日〇時に起きたらどんな気持ちになるかな?」

「明日〇時に起きて、早く学校に行ったら何やろうか?」


このような、良い未来をイメージさせる言葉や問いかけをしましょう。

潜在意識は今と未来の区別はありません。

子どもたちの潜在意識の中では「起きられる自分」がイメージでき、そのとおりの行動が自然とできるようになるのです。

子どもの心を壊す叱り方

公園でのある親子のやりとりです。お母さんが「帰ろう」と言っているのに、子どもはまだまだ遊びたい様子。

何度「帰ろう」と言っても遊び続ける子どもに我慢しきれなくなったお母さんは、「もう、ママ先に帰るわ！ ○○ちゃんは、ひとりで遊んでな！」と言うと、お子さんは「ヤダーーーーーママ、待ってよ〜」と走ってお母さんのところに来ました。

お母さんは、ニコッとして「早く帰ろう」と言い、2人は公園を去りました。

こんなやりとり、おうちの中でないですか？


「おもちゃ片づけなさい！ 片づけないと捨てるよ‼」

「早く食べなさい！ 食べないならごはん片づけるね」

「早く用意しなさい！ できないならひとりで留守番よ！」


など、「禁止・命令」を言ったあと、「罰や恐怖」の言葉が共通に続きます。

特徴的なのが、「罰や恐怖」は本当に与える気がないものばかりであることです。

幼い子どもを公園に置き去りになんてしないですし、ひとりで留守番もさせないと思います。

たとえ、子どもが「いいもーん、ひとりで遊んでるもん」と開き直ったとしても、「いいかげんにしなさい！」と言い、親の言うことを最終的には聞かせるのではないでしょうか。

置いていくと言っても置いていかない。捨てると言っても捨てない。片づけると言ったのに片づけない。

こういったときの親の言葉には、**2つの矛盾したメッセージ**が含まれています。

こんなふうに、2つの矛盾したメッセージで子どもを混乱させ、コントロールすることを「**ダブルバインド**」と言います。

ダブルバインドは、二重拘束という意味です。2つ以上の矛盾した内容のメッセージを受け取った子どもは、その矛盾を指摘することができず、言うことを聞かなくてはならなくなります。精神状態が拘束されて身動きが取れなくなり、いずれにせよ親の言うことを聞かなくてはならない状況になります。このダブルバインドは、日常の子育ての中に多く見られます。

もちろん、子どもには親から愛されているという実感があり、親子の良好な関係性

がある中でなら、たまにダブルバインドのコミュニケーションがあっても、子どもに悪い影響があるとは思えません。

しかし、ダブルバインドを知らないでいると無意識に乱用してしまい、子どもに心理的ストレスを与えることになります。

子どもたちの潜在意識には「親は私の意見を聞いてくれない」「私は、親の言いなり」という台本ができ上がってしまいます。

子どものころは、親との関係性の中で台本が作られ動いていたものが、徐々に台本が抽象化され、親以外との関係性の中でも台本が動き出すようになります。

「親は私の意見を聞いてくれない」「私は、親の言いなり」というのが、「すべての人は私の意見を聞いてくれない」「私は人の言いなり」と、徐々に変化していくのです。

潜在意識は、親だけでなくいろんな場面で台本を活かしたほうが安心・安全だよね、と学習して、その台本を他者との関係性にも応用するのです。

基本的に子どもは、親とのコミュニケーションパターンからコミュニケーションを学びます。親が恐怖や罰で子どもをコントロールすると、「人を動かすには、恐怖を

与えないといけない」「自分は正しい、自分は間違っていない。相手が間違ってい
る」と子どもは学び、それがそのまま台本になってしまいます。
「〜してくれないと、もう○○ちゃんとは遊ばない！」とお友だちにダブルバインド
をしかけていくようになります。
親のコミュニケーションのパターンが、子どものコミュニケーションや人間関係作
りに大きく影響するのです。

ポジティブな台本を作る叱り方

子どもを叱るとは、望ましい台本を作ることとも言えます。
「望ましくないこと」をやめるように促す
「望ましいこと」をやるよう（やれるように）に促す
親はそれを伝えたいと思っているのですが、うまくそれが伝わっていないことが多
いと思います。

なぜなら、親自身、叱り方を教わっていませんし、良い叱り方で叱られた経験を持った人が多くはないからです。

叱られる体験は子どもにとって、インパクトある出来事です。台本はインパクトの強い体験が潜在意識に書き込まれやすいです。たった一度でも、子どもにとってインパクトのある体験だと、すとんと潜在意識に書き込まれます。

それはポジティブな台本、ネガティブな台本ともに同じです。

インパクトを与えるなら、その後望ましい行動を促すポジティブな台本を書き込んでいきましょう。

ここでは、ポジティブな台本を作る叱り方を、５つのステップでご紹介します。

①安心させる

いきなり「ダメでしょ！」と否定や命令をしてはいけません。

最初のひと言はとてもインパクトがあります。最初に否定の言葉をかけると、自己否定や罪悪感の台本を作りやすいので注意が必要です。

まずは子どもを安心させて、聞いてもらえる姿勢を整えます。「怒られる！」「怖い！」という不安と恐れを潜在意識が感じていると話は入っていきません。

まず子どもがその行動をした、あるいはしたかった気持ちに寄り添い、共感し安心させます。「〜をしたかったんだね」「〜と思ったんだね」と、子どもの気持ちを言葉にしながら、子どもの言い分も聞きます。

②事実確認

親がストレートに問題を指摘するのではなく、できるだけ子ども自身が、問題に気づけるように促します。

「いつまで遊んでいるの！　もう遅いわよ！」

↓「今、何時かな？」「今は、何をする時間だったかな？」

「いじわるしないで！　〇〇ちゃんがかわいそうでしょ！」

↓「〇〇ちゃん、どんな気持ちだと思うかな？」

このように問いかけて、子ども自身に問題を理解してもらいます。

子どもが自分で気づくことが大切です。親から怒られたからやめる（やる）では、「自分には考える力がない」や「自分には手が負えない、誰かが助けてくれる」という台本ができます。すると、子どもの考える力は育たず、いつも親や他人まかせの人生になります。

③気持ちを伝える

②の問題についてお母さんの気持ちを『I（わたし）メッセージ』で伝えます。
Iメッセージは、「わたし」を主語にした伝え方です。

「お母さんは、悲しいな」など、その問題に対してお母さんが感じたことを伝えます。

逆に、「どうして（あなたは）そんなことするの?!」「何回言ったら、（あなたは）ちゃんとやるの?!」というような表現は主語がI（わたし）ではなく、YOU（あなた）になっているメッセージを、『YOUメッセージ』または、『あなたメッセージ』と呼びます。

叱っているとき、YOUメッセージが多くなると、責められている印象を与えます。

人は責められると自分を守ろうとし、他人を非難し出すか、自分に非があると自分を責めるようになります。他人を非難するのは「批判」という台本、自分を責めるのは「罪悪感」という台本です。

叱るときはＹＯＵメッセージを使わず、Ｉメッセージを使うようにしましょう。

④問題解決

「じゃあ、どうしたらいいと思う?」と、解決策を子どもと一緒に考えます。ここで親の考えを押しつけないようにしましょう。

すぐには出てこないかもしれませんが、良い問いかけは潜在意識に良い思考をもたらします。

そして自分で考えた行動を選択し、それが良い方向にいく成功体験をさせましょう。その成功体験は、自分で問題を解決できそう、自分はやれそうと思える自己効力感が高まります。そして自信を高めるポジティブな台本ができ上がります。

⑤承認

子どもが自分で考え、行動できたことやそのプロセスの価値を認めます。「仲直りできたね、ステキだったよ」「自分で考えてできたね、すばらしいよ」「話してくれてありがとう、うれしいよ」と認める言葉がけをします。

叱るというのは、起こった出来事や問題を題材に、子どもにポジティブな台本を作るチャンスです。

子どもに考えさせ、葛藤しながらも自分で行動を決めていく経験は、自信や自己信頼の台本を作ります。それは自分で考え、人生を切り開いていく礎にもなります。

そして、伝えるときは、次の３つを心がけてください。

①その場、そのとき

潜在意識の感覚は「今、ここ」しかありません。つまり、子どもには常に「今、ここ」しかないのです。

「今、ここ」に生きている子どもたちに、過去のことを話しても記憶があいまいです。その場、そのときが一番わかりやすく、伝わりやすいのです。

②話せる場作り

ちゃんと顔を見て、落ち着いて話せる場を作ります。何かしながらや、騒がしい場所では子どもは集中して聞けません。

③トーンを変えて

子どもに「大事な話をするよ」というのをわかってもらわないといけません。大きな声や威圧的な態度は、「怖いから、とりあえず謝ろう、お母さんの言うことを聞いておけばいいや」という感じになりがちです。それではまた同じことのくり返し。

大きな声で言うよりも、逆に真剣な表情、低いトーンで話したほうが「あれ、いつもと違うぞ」と子どもの注意を引けます。

そして、叱ったあとも、トーンを変えます。叱ったあとは、明るく、雰囲気を変えてください。

娘に「何回言ったらわかるの？」と聞いたことがありました。

娘はすごく冷静に「5回」と答えました。

「そういうことじゃない！　1回言ったらちゃんとわかってよ！」という意味で言ったのですが、子どもには伝わりませんね。

しつけとは、1回で終わるものではなく、伝え続けることも必要だと思います。

台本はくり返しによって作られます。伝え続けることでポジティブな台本を作ります。長い目で見たほうが良いでしょう。

やってはいけない危険なほめ方

多くのお母さんは、「ほめることは良いこと」と理解し、積極的にほめ言葉をかけていらっしゃると思いますが、やってはいけない危険なほめ方があるのです。

スタンフォード大学の心理学者ドゥエック教授が行った実験があります。

思春期初期の子どもたち数百人を対象に、かなりむずかしい知能検査を10問行いました。ほとんどの生徒がまずまずの成績だったそうです。

終わったあとで、A、B2つのグループに分けました（A、Bの成績は等しい）。

そして、生徒たちにほめ言葉をかけました。


Aのグループでは「まあ、8問正解！　よくできたわね。頭がいいのね」と、その子の「能力（頭の良さ）」をほめました。

もう一方のBのグループでは、「まあ、8問正解よ。よくできたわね。頑張ったわね」と、その子の「努力（取り組むプロセス）」をほめました。


その後、子どもたちに新しい問題を見せて、新しい問題に挑戦するか、同じ問題をもう一度解くのか、どちらかを選ばせるという実験を行いました。


すると、Aのグループは、新しい問題を避け、同じ問題を解こうとする傾向が強く出て、一方のBのグループは、その9割が新しい問題にチャレンジしたそうです。

努力をほめたほうが、学べるチャンス、成長するチャンスを逃さなかったそうです。

実験では、その2グループに対し、さらに難題を出してみました。

Aのグループは、難問を解くことにフラストレーションを感じ、「自分はちっとも頭が良くない、こんな問題を解いても楽しくない」と思うようになり、そして「自分は頭が悪いのだ」と考えるようになったそうです。

Bのグループは、難問を出されても嫌になったりせず、むしろ、「むずかしい問題のほうがおもしろい」と答える子どもが多かったそうです。

なかなか解けない問題があったとしても、イライラしたりせず、「もっと頑張ろう！」と考え、積極的にむずかしいことに挑戦できるようになったのです。

テストの結果にも違いが出ました。

難問が出されたあと、Aのグループは成績ががくんと落ち、再びやさしい問題が出されても回復しなかったそうです。自分の能力に自信がなくなり、スタート時よりも成績が落ちてしまったのです。

一方、Bのグループのできはどんどん良くなっていったそうです。難問に挑戦したことでスキルに磨きがかかり、その後、再びやさしい問題が出されたときには、スラスラ解けるようになったそうです。

この実験をまとめると、

・結果や能力ばかりをほめると、「失敗してはいけない」「優秀であらねばならない」という台本が作られ、むずかしいことにチャレンジしようとしなくなります。さらには子どもの知能・学力は下がります。

・努力や取り組むプロセスをほめると、「結果が出なくても認められている」「結果だけでなく、取り組む姿勢、プロセスも重要」という台本ができ、むずかしいことにもチャレンジするようになり、さらには子どもの知能・学力も上がります。

何かできたこと（結果）や能力ばかりほめてしまいがちです。わかりやすいし、ほめやすいし、親である私たちも、そんなふうにほめられてきた経験が多くありますから、それがほめ言葉であると思い込んでいます。

どんなプロセスをふんだのかにも注目してあげましょう。

Aグループ

能力・結果をほめる

頭が良いのね
優秀だね！

〔難題にぶつかると……〕

失敗したくない
頭なんてちっとも良くない！

失敗を恐れ、むずかしいことを
避けるようになる
自信がなくなり、成績が落ちる

Bグループ

努力・取り組む
プロセスをほめる

頑張ったわね！
あきらめなかったね
集中できていたね

よし！　やってみよう!!
もっとむずかしい問題に
挑戦してみよう！

やる気・自信・成績が上がった

アメとムチの大きな問題

私が子どものころ、成績が良いと好きな物を買ってもらっていました。ほしい物が手に入るとうれしいし、そのための努力もしていました。

しかし、だんだんいい成績が取れなくなっていき、ほしい物を買ってもらえなくなりました。すると、徐々に私の気持ちも「どうせ勉強しても無理だしな～」とあきらめモードになっていった記憶があります。

人が行動を起こすきっかけは2つあります。

ひとつ目は、一般的に「アメとムチ」と言われる方法で、「外発的動機づけ」といいます。罰やごほうびで相手を動かす方法です。

ほかにも評価、報酬、恐怖、指示命令も外発的動機づけになります。

外からの刺激や力によって〝動かされる〟感じです。これはとても即効性があり、すぐ動かしたいときに効果的です。

　しかし、私の経験のようにやる気が長続きしません。与え続けないと効果がなく、どんどん求める要求がエスカレートしていくのが特徴です。

　最初、お菓子ひとつで言うことを聞いていたのが、「もっといいお菓子くれないと言うこと聞かない！」と言うようになります。

　ごほうびはまだしも、ムチも同じようにエスカレートしていきます。

　最初、落ち着いて言っていたのが、子どもが言うことを聞かないと、だんだん声が大きくなり、口調が荒くなり、ひどいと手をあげてしまうことになりかねません。

アメやムチは常に与え続け、常に管理しなければならない方法です。

親が子どもをずっとコントロールし続けることになり、いつしか子どもは自分で考えて行動することがなくなり、常に親の指示・コントロール待ちの状態になります。

　これもネガティブな台本になります。

　潜在意識にはムチを打たれる「恐怖」が刻まれ、過度に対人関係に恐怖感を持つようになります。

　子どもにとって家庭は安全基地。安心・安全を感じられる場であるからこそ、外で思いっきり行動できます。家庭内がムチの恐怖ばかりでは、安心を得る場所がどこにもありません。

アメとムチは、最初は即効性がありますが、一度使いはじめたら、やめられないかもしれません。アメとムチだけに頼った子育ては限界があります。


もうひとつ、人間が行動を起こすきっかけがあります。それは、おもしろさや充実感・達成感が行動のきっかけとなる方法で、「内発的動機づけ」と言います。

たとえば、子どもがサッカーを習っているとします。練習はきついけれども、おもしろいから意欲的に練習する。練習して上手にできるようになり達成感や自分の成長を感じられると「おもしろい！　もっとやりたい！」とさらに意欲が増していきます。

親が「練習しなさい」と言わなくても、子ども自ら練習するのが内発的動機づけです。内発的動機づけは外発的動機づけよりも、効果が持続しやすいのが特徴です。


外発的動機づけと内発的動機づけ、どちらが多いですか？

子どもが言うことを聞いてくれないと、コントロールしようとして外発的動機づけに頼ってしまうところがあります。

しつけは罰を与えることでも、脅しでもありません。子どもがより良い未来を生きられるように導いていくことです。

アメとムチの特徴をきちんと理解した上で、一時的に使う程度にとどめ、子どもの内なる意欲を引き出すためのかかわり方や言葉がけをしていきましょう。

潜在意識を味方につけるほめ方

「ほめることが良いとわかっていても、子どもの良いところが見つからない」という相談を受けることがあります。

親が思う、子どもの「良いところ」とは、どういうもののことでしょうか？

「上手に絵が描けた」「勉強ができた」「きちんと片づけができた」

もしかして、親が期待すること、もしくはそれ以上のことができたときにほめ言葉をかける、という感じではないでしょうか？

現実的に、子どもが親の期待に毎日応え続けることは不可能だと思います。

まだまだ発達・成長途中の子どもたちです。進んだと思えばまた戻ることをくり返しながら成長していきます。

子どもの発達以上に親が子どもに期待してしまうと、ほめ言葉どころかダメなところばかり目につき、子どもを叱る毎日になってしまうのです。


親が期待すること、もしくはそれ以上のものを子どもができたときにかけるほめ言葉を、「成果承認」と言います。

言葉のとおり、子どもが何かしら「成果」を出したときにかけるほめ言葉です。

「すごいね」「よくできたね」というような言葉で、とても言いやすいほめ言葉です。

しかし、成果承認ばかり子どもに言っていると、子どもは「親の期待を超えないと自分は認めてもらえない」という、不安と恐怖心を抱くようになります。

潜在意識には「ありのままの自分では認めてもらえない」「ありのままではダメ、頑張り続けないといけない」という台本が作られます。

常に親の顔色をうかがい、親の期待に応える努力をし続けます。

潜在意識の膨大なエネルギーが、親の顔色をうかがうこと、期待に応えることに使われてしまうのです。とても無駄遣いしていますよね。

このようなことに無駄遣いしていると、夢をかなえることに潜在意識の力を使えないのです。とてももったいないことです。

期待に応える子どもに親は満足するかもしれませんが、子どもはとてもつらいです。大人になってからも、「頑張らないと人に認めてもらえない」と無意識に思い、人の評価を気にし過ぎて自分らしく生きられない大人になってしまいます。

自分の人生を歩むのではなく、他人の期待に応えるために潜在意識のエネルギーを使うことになってしまう危険性があるのです。

潜在意識を味方につけられるほめ方をしましょう。

それは、「存在承認」と言われるものです。「成果承認」と違って、何も成果を出さなくても、存在そのものを認める態度や言葉のことを言います。

「あなたの存在を、お母さんはちゃんと気づいているよ、認めているよ」という想いを、言葉や態度で示すことです。

存在承認は成果以外のすべてを認めると言ってもいいでしょう。たとえ親の期待どおりではなかったとしても、子どもの努力、取り組む姿勢、気持ち、プロセスを認めていきます。

もし、それも思いつかなければただ「事実を言葉にする」だけでも大丈夫です。

「おかえり、帰って来たんだね」

「おやつ食べてるんだね」

「テレビ見てるんだ」

「マンガ読んでるんだ」

「ごはん、全部食べられたんだね」

「お風呂入ったんだね」

こんな言葉がけだけでも「お母さんは、ちゃんとあなたのこと見ているよ」という、存在承認になります。

「自分の存在を認められている。大切にされている」という安心・安全を感じる心が、自己肯定感を高める重要な台本を作ります。

すると、潜在意識のエネルギーの無駄遣いは減り、子どもが本当にやりたいこと、夢をかなえるためにエネルギーを使えるようになるのです。

そして、究極の存在承認は、

「あなたがいてくれて、うれしい」

「どんな○○ちゃんも好き！」

「ありがとう」

「大好きだよ」

という言葉です。ほめなくても「愛されている」と感じられる言葉を子どもに毎日かけたいですね。

ホンモノの自信を育む

中学校で『天才カード』をさせていただきました。

『天才カード』とは人が持つ才能（強み）を55枚のカードにしたものです。視覚化することで、気づいていない才能・強みを引き出しやすい教材です。

授業前、67・4パーセントの生徒は「自信がない」と回答していましたが、『天才カード』の授業後、93パーセントの子が「自信が高まった」という結果になりました。

また、61パーセントの生徒は「自分を好きではない」と回答していましたが、『天りました。

才カード』の授業後、81パーセントの生徒が「自分を好きになった」という結果にな

生まれたときから自信がない子どもはいません。自信は年齢が高まるにつれて低くなる傾向があります。

「小さいときは、自分が好きって言っていたのに、小学校・中学校に入ったら自分のこと、好きじゃないって言うようになったんです」というお話もよく聞きます。

なぜ、年齢が高まるにつれて自信がなくなっていくのでしょう。

それは、「自信の土台」をしっかり作らずに大きくなってしまったからです。

自信というのは二重構造になっていて、それは建物の構造と似ています。

建物には基礎があって、その上に建っています。それと同じで自信にも基礎にあたる部分があり、それが「自信の土台」になります。

「自信の土台」とはありのままの自分に価値があり、何かができる・できないに関係なく「自分にOKを出せる」ポジティブなセルフイメージのことです。つまり、自分へのポジティブな台本です。

ありのままの自分を認める気持ちである、「自信の土台」を基礎にして、その上に「経験やスキル、能力」による自信が積み上げられていきます。

この自信は積み上げれば積み上げられるほど高まっていきますが、「自信の土台」がちゃんとあることが前提です。

「自信の土台」がないのに「経験やスキル、能力」は積み上げられません。基礎がなければ、建物は建たないのと同じです。一瞬、建ったとしても、とてももろくちょっとしたことで倒れてしまいます。

また、「自信の土台」がしっかり育まれていないと、失敗を受け止められず、失敗を人や環境のせいにして逃げるようになります。「経験やスキル、能力」だけで保っている人は、とても自信があるように見えますが、本当はそうでもないのです。自信がないのを無意識に隠そうと無理をしてしまうこともあります。「自信の土台」があり、本当の自信がある人は、失敗してもそれを受け止め次に活かす強さがあります。

そして、

他者との比較ばかりしてしまう「劣等感」の台本
自分は何か欠けていると思う「欠乏感」の台本
頑張り続けなければいけないと思う「努力」の台本

潜在意識にこれらの台本を作ってしまうと、「人よりも優れていれば優越感」逆に「人よりも劣っていれば劣等感」を抱き、常に他人との比較と評価の中で揺れ動き、とてもつらい、苦しい人生になります。

実際に、有名大学を出て、有名会社に入り、能力は高いはずなのに自信がない大人がいます。彼らは、失敗を恐れ、むずかしいことにチャレンジもできないのです。可能性を閉じ、夢をかなえるのもむずかしくなるでしょう。

「経験やスキル、能力」の自信を積み上げていくことばかりに意識が向きやすいですが、「経験やスキル、能力」の自信は基礎である「自信の土台」をしっかり作ってから積み上げていくと本当の自信になっていきます。

他人との比較や評価だけでなく、ありのままの子どもを認めていく、子どもの個性を認めていくプロセスが「自信の土台」を強くします。

強みを活かす効果と見つけ方

子どもの才能・強みを活かしていくには、「強み」について知ることが必要です。

あなたは、お子さんの強みをすぐに思い浮かべることができますか？

すぐにお子さんの強みがいくつも思いついた場合は、強みを正しく認識しているかもしれません。また、日ごろから、お子さんの強みに意識を向けているとも言えます。

一方、強みがなかなか思いつかなかった場合は、もしかしたら強みを正しく理解していないのかもしれません。そもそも強みとはどういうものでしょうか。

強みとは、良し悪しの評価や比較をせず、その人がよくする思考や行動パターンのことです。

「とくちょう」という言葉があります。
特長：人よりも長けている、優れている点
特徴：個性、目立つ点

2つとも「とくちょう」と読みますが、意味合いはまったく違います。
たとえば、課題をこなすのが「速い」「遅い」というのは、評価・比較の「特長」の視点です。速い・遅いというのは、誰かと比べて評価しています。

親の中に「劣等感」の台本が強くあると、子どもの強みを見つけにくくなります。なぜならば、「特長」として強みを探してしまうからです。

自分や他の子どもと比較・評価しながら強みを見つけようとすると、子どもの強みは見つけづらくなるのです。

求める基準が高い人は強みより弱みを見てしまいがちです。

子どもの強みを見つけようとするなら、良い・悪い、できる・できないという比較や評価は脇に置いておいて子どもの個性を見ていきましょう。

強みを活かす効果は、次の5つが挙げられます。

①目標の達成度が高まり、達成スピードも速くなる

子どもは何か目標に向かうとき、強みを活かしながら目標に向かったほうがより達成度も高くなり、達成スピードも速くなります。

②自己肯定感が高まる

自分のことを認める気持ちである自己肯定感が高まり、「自信の土台」が作られる。

③自己効力感が高まる

自己効力感とは何かを行うとき「私、できそう！」「きっとうまくいく！」という自分に対する信頼感、「自分はできる」というセルフイメージです。自己効力感が高くなればむずかしいことにもチャレンジできたり、良い結果を出しやすくなります。

④心を強くする

困難や逆境、落ち込むような体験があったとき、ダメージは浅く、早く立ち直ることができるようになります。

⑤やる気を高める

強みを活かしてうまくいく経験をすれば、自己効力感が高まるので、さらにやる気が出てくるといったポジティブな流れができます。

強みは使えば使うほど伸びていきます。

しかし、使わないと衰えてしまいます。使わないのはとてももったいないことです。強みは子どもの中にすでにあるものです。それを言葉にして伝えることで、「ありのままの私はすごい！」という存在を認める台本を作ります。

まずは、家庭内で手伝いなど身近なところから強みを活かす機会を作っていきましょう。

わが家では娘の想像力・創造力の強みを、お料理の盛りつけや成形に活かしています。私にはない発想とアイデアで独創的なお料理になります。身近な場面で、強みを活かす成功体験がポジティブなセルフイメージを作ります。

強みが見つけられない理由

強みを活かすには、何が強みなのかを知らないと活かそうにも生かせません。

しかし、なかなか子どもの強みを意識して見つけようとしていない現状があります。

『子ども未来がっこう』独自アンケートでは、「66・7パーセントの親が、子どもの弱みが気になる」と回答しています。

そして「強みを積極的に見つけようとしている人は33・3パーセント」でした。

多くの方は「たまに見つけている」と回答しており、恐らくいいところがあったら〝たまたま見つかった〟という感じのようです。

親は子どもの強みよりも弱みに意識が向いている状態です。これでは強みを見つけようとしてもそれはとてもむずかしいことです。

なぜ、強みは見つけづらい、気づきにくいのでしょう。

その理由は、次の３つにあります。

①強みは当たり前過ぎて気づかない

強みは人よりも長けている、優れた能力ではなく、当たり前にできる、努力をしなくても普通にできるものの中にあります。

ですから、子ども自身は当たり前過ぎて、自らの強みに気づいていません。親が意識的に「あなたの強みは○○だと思うよ」と言葉で伝えていかないと、本人は気づかず強みが埋もれてしまうのです。

よく子どもを観察して、子どもが当たり前にやれている、自然とできているところに注目してみましょう。他人との比較や評価はしないように注意が必要です。「劣等感」の台本を持ったお母さんは、他人からの評価が気になるので特に注意が必要です。

観察するときのポイントは、子どものリアクションです。

子どもが強みを発揮しているとき、リアクションが大きくなります。

たとえば、声が大きくなる、流暢(りゅうちょう)になる、ジェスチャーが大きくなる、笑顔になる、目が大きくなるなどです。

エネルギーが外に溢れてきてリアクションが大きくなるのです。とても楽しそう、充実している様子が伝わってきます。

②ネガティブな情報に意識が向きやすい

私たちの意識は、ポジティブな情報よりもネガティブな情報に向きやすく、記憶に残りやすい特徴があります。

これは一日でも長く生き延びるための潜在意識の防衛反応です。無意識でいると弱みに注目してしまうのは自然な反応なのです。ですから、意識して「この子の強みは何だろう？」と観察していかないと見逃してしまいます。

③日本独自の教育風土や文化の影響

日本の子どもたちの自己肯定感の低さの原因のひとつは、日本の教育風土や文化が大きく影響していると思います。

私たちは、できていることよりも、できない点、欠けているところを努力して改善することが求められ、改善できると「頑張ったね」「えらいわね」とほめられることが多いです。無意識に「そのままの自分ではダメなんだ。欠けている点を努力して直さないと認められない」という台本が潜在意識に書き込まれていきます。

常に人からの目、人からの評価を気にする劣等感と不安感でいっぱいの人生になってしまいます。

もちろん、努力をすることはすばらしいと思います。しかし、足りない、欠けている部分ばかりに注目するのではなく、子どもの強みにも注目した上で、努力する大切さを伝えていきましょう。

そして、もうひとつ。日本には「謙遜・謙虚さ」を美徳とする文化があります。それもすばらしい文化ですが、過剰になると自分のすばらしさや強みが埋もれてしまいます。

控えめであることと、自分を否定することは違います。そして、自分の強みを認め、活かすことは傲慢になることでもありません。むしろ、生まれ持った自分の強みを認めている人は、他者の強みを認め、活かし合うことができます。

第5章

あなたの自己肯定感が上がると、子どもが変わり出す

自己肯定感の高さが自信の高さに比例する

自分のことを認める気持ち、好きという気持ち「自己肯定感」は「自信」に大きく影響を与えます。自己肯定感の高さと自信の高さは比例し、自己肯定感が高ければ自信は高まり、低ければ自信も低くなります。

なぜなら、自己肯定感の高い子は「自分は価値がある」とし、何かができる・できないに関係なく自分にOKが出せるため、失敗を恐れずチャレンジしていくことができるのです。そのため、どんどん夢や望みを実現していけます。

「自分は大丈夫！」「やればできる！」「失敗してもなんとかなる！」というなんとなくの感覚が、自信の正体です。

逆に、「ありのままの自分を尊重できない」「自分に価値がないと思っている」または、「自分は何をやっても無理なんじゃないかと思っている」こういったネガティブなセルフイメージを持った自己肯定感の低い状態では、やりたいことや夢があってもチャレンジしたり、決断したりできません。

やる前から、無理なんじゃないかと一歩前に踏み出せないのです。
まとめると、「ポジティブなセルフイメージ（ポジティブな台本）＝自己肯定感が高い＝自信の高さ＝夢をかなえる力」となるのです。

本当に自信がある人は、「自信がある！」「自信がほしい！」とは思っていないものです。できる自分だけでなく、できない自分も認めて、ありのままの自分にＯＫを出しています。

この感覚も、６歳ぐらいまでに潜在意識に作られる台本によって育まれていくのです。

幼少期は、親に言われる言葉が真実なのか、冗談なのか、嘘なのか、たまたまなのか、誤解なのか、そういう判断はしていません。そのまま受け取ります。

「あなたは、何でもできる」と言われれば何でもできると思うし、「あなたはそのままでＯＫ」と言われれば、そのままの自分にＯＫを出せるようになるのです。

そして、それが子どもの潜在意識にストンと落ち込んでいき、自己肯定感や自信に影響を与えていくのです。

自己肯定感は親子で上げよう！

子どもの自己肯定感の高さは、お母さんの自己肯定感の高さに比例します。お母さんの自己肯定感が高いと、子どもの自己肯定感も高くなりますが、逆もありえます。

まず、あなたの自己肯定感に関して、簡単なセルフチェックをしてみましょう！

以下の5つの質問に「はい」「いいえ」で答えてください。

①人の目、人からの評価が気になる（はい／いいえ）
②失敗するのが怖く、新しいことになかなかチャレンジできない（はい／いいえ）
③人前で発言することが苦手である（はい／いいえ）
④はじめて会う人に話しかけることが苦手である（はい／いいえ）
⑤自分のことは好きではない（はい／いいえ）

いかがですか？　「はい」が多ければ自己肯定感は低め、「いいえ」が多ければ自己肯定感は高め、となります。

親の自己肯定感が低いと子育てにおいてどのような問題が起こってくるかというと、

- 子どもの評価が気になる（成績の良し悪し、他の優劣）
- 親としての自分の評価が気になる
- 子どもを比較してしまう
- 子どもがやることを監視してしまう
- 子どもの才能や強みに気づけない
- 子どもの欠点、弱みにばかり意識が向く
- 子どもの将来に不安を感じる
- 子どもをほめられない、認められない
- 子どもにイライラしてしまう、叱責してしまう
- 条件つきの愛情になってしまう（成績が良ければほめるなど）
- 子どもや家族にきつく言ってしまう

・子どもの夢をかなえるサポートができない
・子育てが楽しくない、苦痛

親自身の自己肯定感が低い原因は、「自分は劣っている」「ありのままの自分は認められない」「人から評価されなければならない」「優秀であらねばならない」というような台本の存在です。

子どもを評価・比較ばかりしてしまい、ありのままの子ども、すなわち子どもが授かった才能を認めることができなくなってしまうのです。

しかし、実は子どもの評価を気にしているのではなくて、自分の評価を気にしているのが真実です。

母として、妻として、女性として、周囲からの評価を無意識に気にしてしまうのです。子どもを他と比較しながら足りないところばかり注意すると、子どもも同じような「劣等感」の台本を持つようになります。


「自信がないから、本番で本領発揮できない」

↓「肝心なところで失敗してしまうなど、本番に弱い」

↓「むずかしいことにチャレンジしようとしない」

↓「夢をかなえることがむずかしくなる」

このような悪循環に陥ってしまうのです。

私の母は、恐らく自己肯定感が低い人でした。そのため、いつも他人と比較したり、周囲からの評価を気にしていました。

本当の自信がないから学歴、資格、収入など上辺の自信を求めていました。

そして、同じものを子どもの私に求めていました。本当の自信よりも上辺の自信を高めることが大切なんだと、いつからか私も思うようになっていました。

でも、頑張っても頑張っても、やってもやっても自信は持てないし、いつも人と比較しながら、優越感と劣等感のくり返しでした。

とても苦しかったです。

「何ができるようになったら自信が持てるんだろう」「何をしたら自信がある自分に

なれるんだろう」ということばかり考えていました。ところが、いつまでたっても自信は持てるようになりません。

なぜ「自信がほしい」と思い努力をしても持てないのか。

それは、顕在意識では「自信がほしい」と思っていても、潜在意識ではなんと逆のことを思っているからです。

母の台本の影響で私の潜在意識の中にも「人よりも劣っている」という「劣等感」の台本がありました。

潜在意識で「劣っている」と思っているから、顕在意識でそれを埋めるように自信を求めるのです。ところが求めれば求めるほど、潜在意識では「劣っている」と強くイメージするようになります。

理想を望むのは、行動の原動力になります。私も「劣等感」の台本のおかげで頑張ることができ、いろんなことができるようになりました。しかし、強い不足感からの望みは、不足感を現実化してしまうのです。

本当の自信は何かができる・できない、何かに経験がある・ないではないということに気づいたのは、ずいぶんあとでした。

お母さん自身の自己肯定感が上がると、子どもは「安心・信頼」の中で、〝愛されている〟と実感しながら育ちます。その環境が子どもの「自分が好き」という気持ち「自己肯定感」を育みます。

お母さんは子どもにとって一番身近なロールモデル。お母さん自身が自己肯定感高く、自己信頼できていれば、自然と子どもの自己肯定感は高まり、自己信頼できます。

その土台があるからこそ、大きなチャレンジができ、失敗しても自分で立ち直ることができるのです。

ありのままのあなたでいい

子どもを見ていて、イラッとすることはないですか？　私も人間ですからイラッとすることもあります。

たとえば、娘の「マイペース、のんびり」したところにイラッとすることがあります。朝ごはんを食べるのに1時間以上かかり、幼稚園の準備も超マイペース。「はやくしてーーーーーーー!!」「チャキチャキやろっ!!!!」「時間ないよ！！！」と、何度言ってものんびりな娘です。

自然体なところは強みかもしれませんが、時間を意識しながら行動する、計画性のなさは弱みかもしれません。

子どもの良い部分や強みを見ようと思っても、子どもの欠点や弱みを見てしまう。そして、それにイライラしてしまうのは、実はお母さん自身が自らに対し認めていないところなのです。

自分自身が、自己受容できていない部分
無意識に我慢や抑圧している部分

この2つを子どもの弱みに「投影」しているのです。「投影」とは心の中にあるものを他人や環境を通して見ることを言います。

私の場合、娘がマイペースであること、ゆっくりすることにＯＫができていませんね。

私は普段から、家でじっと座っていられません。ゆっくりすると逆に落ち着かないのです。私の中に「時間は効率良く、無駄なく使いたい」という想いがあります。効率良く無駄なくやれないと時間がもったいないと思ったり、罪悪感さえ持ってしまうのです。

自分がゆっくりすること、自分のペースで自分らしくやること、人の評価、人の目を気にせずにいることにＯＫできていない、抑圧しているところがあるのがわかります。

人の評価を気にする台本が原因で自分らしさを抑圧しているのですね。だから、それを堂々とやっている娘にザワザワしたり、イラッとするんです。

「自分は我慢しているのに！　こんなに頑張っているのに！　なんであなたは自分のペースでやってるの⁈」という潜在意識の声があるのです。何もないのに心がザワザワしたりイライラすることはありません。

「そういう自分もＯＫ。できない自分もＯＫ。たまにはゆっくりしてもいいよね」と、自分を受容できたとき、子どもへのイライラも減っていきます。

子どもへのイライラや、子どもの弱みにばかり意識が向いてしまうときは、自分の心と向き合うときかもしれません。子どもは鏡となり教えてくれています。

他者受容は自己受容からです。自分を受け入れられたとき、子どもを受容できます。子どもを受容できたとき子どもを肯定的なまなざしで見ることができ、それは子どもの自己肯定感を育むことにつながります。

子どもの自己肯定感を高めようとする前に、あなた自身が自分を無条件に受容しましょう。

自分自身の台本に気づくこと

子育てが楽しめない、子育てが苦しいと思うことがあっても、どうか自分を責めないでください。

楽しめない、苦しいと思う原因はあなた自身ではなく、あなたの「台本」が原因だからです。

『子ども未来がっこう』を受講されたＭさんも、子育てに悩まれているお母さんのひとりでした。以下はＭさんの体験記です。

５歳の息子は０歳のとき原因不明の乳児湿疹にかかり、治ることなくどんどんと悪化していきました。生後６か月目にしてアトピーと診断され、そこから私と息子の長い闘いがはじまりました。

アトピーと診断されてから私の生活は息子中心となりました。息子が笑顔でいられるために……、息子のアトピーが少しでも治るように……。

アトピーの本を片っ端から読み漁り、アトピーの情報をネットから拾い、アトピーと名のつくセミナーがあれば積極的に参加していました。

それもこれもすべて「息子のため」。私という存在はどこか遠くに置き去りにして毎日息子のために生きてきました。それでも一向に良くならない息子。

さらに食物アレルギーもあることがわかり、「これまでの私の努力って何だったたんだろう……」「アトピー、食物アレルギーまで背負ってこの世に生まれてきた息子に申し訳ない」「息子が他の子のようにきれいな肌でないのは、私が母親として至らないせいだ」

来る日も来る日も真っ赤な肌を掻きむしる息子を目の前にして、自分を責める毎日が続いていました。

私は「母親は子どものために自分をあと回しにしてでも手をかけるべき」そんな想いで自分を縛っていました。うまくいかない毎日へのストレスと、「〜すべき」という想いは自分から次第に息子へと矛先が向けられました。

「きれいな肌にするためにはかゆくても掻くのはやめるべき」「小さな子どもは早く寝るべき」「親の言うことは聞くべき」

その想いを息子に一方的にぶつけてはそれがかなわないと、「いいかげんにしなさい‼」「何でこんなこともできないの！」「これがちゃんとできないとおやつあげないよ！」

そんな言葉をぶつけていました。努力しても報われない、そのやるせなさに出口を

失っていく私を心配そうに見つめる息子の視線にも気づくことができませんでした。

そんな私が自分の子育てに「まずい！」と気づけたのは娘の出産がきっかけです。2人目育児の大変さを身をもって実感していたころ、息子が娘におもちゃを壊され怒っているシーンに出くわしました。

それは「いいかげんにしなさい！」「なんでおもちゃを壊すんだよ！」そう泣きながら娘に対して怒っている息子でした。

その息子の姿は、これまでの私の子育ての姿そのものでした。その姿に私は愕然としてしまいました。このままでは私はこの子たちの親である前に支配者になって、この子たちの可能性を閉ざしてしまうかもしれない……、そう思いました。

そんな焦りと出口のない問いの答えが、自分の中にあることを気づかせてくれて解放してくれたのが『子ども未来がっこう』でした。『子ども未来がっこう』で私は変わりました。子どもへの声がけの仕方、才能は自分の中にあること。

そして、何よりも母親が自分の中にあるコップを満たすこと。今まで自分自身を置き去りにしてきたことを『子ども未来がっこう』で気づかせてもらうことができました。それを機に、私は「〜すべき」という考えから解放されました。子どもの可能性を信じてみようと決めました。子どものアトピーも食物アレルギーも私が治らないと思っていたら治らない。

そして敵として向かい合うのではなく、息子とともにあるもので、息子と私自身が成長するためのギフトなんだと受け入れました。子どもの成長の中で一番いいつき合い方ができるように、向き合っていくことが大切だと気づくことができました。

息子もこれまでアトピーだから、食物アレルギーだからという無意識の自己否定感から解放され、自分の中にある才能に気づき、自信を持って自分の才能を活かすようになりました。

性格も明るくなり友だちの和にも自ら溶け込むことができるようになり、笑顔が増えていきました。何よりも私の気持ちが「アトピー・食物アレルギーはダメだ！」という気持ちから「アトピーでも食物アレルギーでもいいじゃない。それがこの子なんだから。ちゃんと治るよ、って思えばいつかきっと治るんだよ」という、柔らかい想

いに変わっていきました。私がこれまで生きてきた人生のしがらみからも自分を解放し、自分のことを好きにもなりました。

子どものアトピーも食物アレルギーもまだまだ治るまでに時間はかかりそうです。だけど、未来は明るいと信じているので落ち込んでもすぐに立ち直りますし、これからもたくさんのことを楽しみながら進んでいこうと思っています。

涙の毎日からワクワクの毎日へ。『子ども未来がっこう』は私の人生のターニングポイントでした！


Mさんのように子育てに一生懸命なお母さんほど、弱音を吐かず、子ども最優先で自分のことはあと回しにしています。「それがいけない」と言いたいのではありません。そうしていても、楽しんで充実していれば問題ありません。

問題なのは、無理をして苦しんで、子どもやお母さん自身の可能性を閉じ、制限するような台本が問題なのです。

「もっといいお母さんになろう」↓「私はいいお母さんではない」
「いい子に育てないといけない」↓「子どもはいい子ではない」
「いつも子どものために頑張らないといけない」↓「まだまだ頑張りが足りない」

潜在意識は本当の想いを受け取り、それを現実化しようとエネルギーを注ぎます。それゆえ、顕在意識で望んでいることと違う現実が現れるため、ますます落ち込み、焦ります。

台本に支配されているとき、私たちの感情はネガティブになり、視野がとてもせまくなります。他に解決策や選択肢があるのに盲点となってまったく気づかず、他者からの助言も受け入れられないのです。

ですが、**台本は、一生手放すことができないものではありません。**

幼いころには必要だった台本も、大人になれば不要なものもあります。ところが、私たちは不要になった台本を握りしめ、大人になってもその台本どおりに生きようとしていることが多いのです。

あなたが不要と思えば、台本はいつでも手放すことができます。メガネのように、

今の自分に合わないと思えば、いつでも変えることができるのです。

今、苦しい、つらいなどうまくいっていないものは、もしかしたらもう不要な台本なのかもしれません。

不要な台本を手放すにも、まずは自分の台本に気づくことが第一歩です。そこで台本を見つけるヒントをお伝えします。

1、自分を評価したり、コントロールするような言葉やイメージが出てきたとき、台本は反応しています。

Ｍさんの例で言うと、「もっといいお母さんになろう」「いい子に育てないといけない」「いつも子どものために頑張らないといけない」というような自分にダメ出しするような言葉やイメージです。

私たちは一日に６０００〜８０００回も思考すると言われています。頭の中の思考は言葉とイメージで作られます。無意識にふと出てくる言葉、イメージは台本を基に生まれています。普段は無意識に流れてしまっている頭の中の言葉やイメージを意識してみてください。

2、ザワザワする、そわそわする、もやもやする、イライラするというネガティブな感情が出たとき、台本が反応しています。

そんな感情が出てきたら、「なんでこういう感情が生まれるのかな?」と台本を探ってみましょう。思ってもみないような台本が見つかるかもしれません。

10歳まではお母さんを笑顔にすることが子どものミッション

前述した胎内記憶の第一人者である池川明先生のお話によると、子どもたちは3つのミッションを持って生まれて来ていると言われています。

①ベビーミッション

お母さんを助ける、笑顔にすること。「お母さんが、さみしそう、悲しそうだからお母さんのところに来た」と話す子どもは少なくありません。子どもたちはお母さんが大好きで、お母さんを笑顔にしたいのです。

②セルフミッション

自分の才能を活かして生きること、自分の人生を楽しむこと。子どもたちはたくさんの才能を持って生まれて来ます。それを活かしながら、自分らしく生きたいと思っています。

③ソーシャルミッション

社会に対する使命。子どもたちはお母さんだけでなく、まわりの人たちを幸せにする、人の役に立つために生まれて来ていると言います。このソーシャルミッションを果たすために人は生まれてくるのかもしれません。

この３つのミッションのうち、子どもたちはまず①のベビーミッションを果たそうとします。だいたい10歳を目安に達成し、10歳以降は自分の人生を生きたいと思いはじめるようです。子どもたちは10歳まで、全力でお母さんを笑顔にしようと頑張ります。お母さんの笑顔が見たくて仕方がないのです。

そして、ぜひ知っておいてほしいこと。それは、**子どもたちは、ベビーミッションを果たさないと、次のミッションに行けない**、ということです。

つまり、**お母さんが笑顔にならないと、次のセルフミッションに行けないのです。**

セルフミッションに行けないとは、自分の才能を活かして自分の人生を生きることができなくなる、ということです。そして、セルフミッションを果たせなければ、ソーシャルミッションも果たすことができず、子どもたちが生まれて来た理由である人生のミッションを果たせなくなってしまうのです。

子育てが苦しかったお母さんHさんの体験です。

子どもはお母さんが笑っているほうがいい。それに、自分を一番にするとか、頭では理解しても、実感がわかなかった。子どもをかわいいと心から思えなかった。

母親とは、つらくて、苦しくて、喜びは少しだと思い、自分を犠牲にすることで、子どもたちの世話をしている状態でした。また、子どもを立派に育てなくてはというプレッシャーと、私なんかが母親でいいのだろうか、という不安を抱きながらなんと

なく子育てをしていました。『子ども未来がっこう』に出会って、子どもたちが母親を選んできていると学び、どんな私でもいいんだと思えました。
齋藤先生に「頑張っている」と認められたことで涙するくらい自己肯定できました。子どもたちが望んでいるのも完璧な母親ではなくて、私がいるだけでもいい。私も、子どもたちが元気でここにいてくれるということの喜びを実感できました。
それから、毎日を楽しく過ごし、子どものいいところをみつけて伸ばそうとするようになりました。自分の好きなこともして、充実した時間を持ち、子どもたちとの限られた時間を楽しむ、今を大切にする生き方にシフトできました。

本当に子どもの幸せを願うのなら、お母さんが笑顔でいることです。ただただお母さんが笑顔でいてくれることが、子どもにとっては幸せなことなのです。

しかし、人からの評価や努力、成果を気にする台本を持っているお母さんは「良いお母さんになろう」と頑張ってしまいます。

子どものために頑張れば頑張るほど苦しくなっていませんか？

完璧なお母さんにならなくてもいい、立派な子育てをしようとしなくてもいいのです。ただただお母さんが笑顔でいるだけで、子どもは自然とベビーミッションを果たし、自分の人生を生きようとします。

子どもは今のあなたを愛しています

子どもを産む前は、子育てとは親が子どもを無条件に愛することだと思っていました。しかし、娘が誕生し、子育てをしてみるとそれは、少し違っていました。

ひらがなを覚え、絵が描けるようになってきた娘は、毎日のように絵や手紙をくれるようになりました。絵や手紙には、「おかあさんすき」の文字がかならず書かれています。

私と娘の絵を添えてくれ、

「この絵があると、○○ちゃん（自分）と遊べるんだよ」

「この絵はお守りだからね！　持っててね！」

「お母さん好きだから〜」

と、毎日プレゼントされます。きっとそういう経験をされている方も多いでしょう。

あるお母さんがやはり同じように手紙をもらい、その対応に困っていました。

「毎日のようにもらっても……。この手紙をどうすればいいのか。捨てるに捨てられないし」と苦笑いされていました。

でも、**すべて子どもからの愛**なんですよね。そう思う気持ちもよくわかります。

子どもの能力を最大に発揮して、お母さんに愛を伝えようとしているんです。

子どもは「今ここ」に生きているので、愛をまとめておく、ためておくことができません。その場、そのときに感じた愛をそのときに伝えたいのです。「今、お母さん忙しそうだからあとで伝えよう」「さっき好きって言ったばかりだから、もう今日は言うのをやめて、明日にしよう」とか、大人のように過去や未来を考えて行動できません。

お母さんは、「わかった、わかった。さっきも聞いたよ」と思うかもしれませんが、子どもはそんなふうには思っていません。

そして、**子どもの愛は無条件です。子どもはいつでもお母さんを愛してくれます。**

美味しい料理を作れなくっても
毎日、笑顔でいられなくっても
イライラしてしまうことがあっても
子どもをうまく愛せなくっても
完璧に子育てができなくっても
優しいお母さんじゃなくっても
いいお母さんじゃなくっても

どんなお母さんでも、子どもはお母さんを愛します。いいお母さんになろうと親は思っていても、子どもはいいお母さんになってほしいとは思っていないのです。

母たるもの「〜あるべき」「〜しなきゃいけない」という台本を緩めましょう。台本を緩めないと子どもからの無条件の愛を受け止められません。

しかし、無理にネガティブな台本を手放そうと思えば思うほど、台本はあなたにしがみつきます。台本はあなたを守るために存在してきていますから、そう簡単には離

れていこうとはしません。

ネガティブな台本は否定せず、「いいお母さんになれないときもあるよね」「笑顔になれないときがあってもいいよね」「完璧にできなくても大丈夫だよね」と、少しずつ、少しずつ自分にＯＫを出して緩めていきます。

頑張らなくても、完璧じゃなくても子どもはあなたを愛してくれます。

あなたが子どもからの愛をしっかり受け取ることで、子どもは人を愛する喜びを体験できます。人を愛する喜びを知り、愛される体験ができた子どもの自己肯定感は高まります。

罪悪感を手放そう

罪悪感とは、「悪いな……」「申し訳ないな……」「私が悪いよね……」と、自分に罪の意識を感じている感情です。この罪悪感を抱いているお母さんたちは少なくありません。私もそのひとりです。

出張で帰りが遅くなった夜のことです。駅からタクシーで帰る予定だったのですが、旦那さんから「おかあちゃんを迎えに行きたいんだって」とメールが来ました。もう9時を過ぎています。そのメールを見たときに思ったのは、

「やだ、まだ起きているの?!」

「寝なきゃいけない時間でしょ!」

「私のせいで、寝られない娘。私が遅いから、睡眠時間が短くなってしまう……」

こういう気持ちが罪悪感です。


さらに、こんなことが続きました。ある休日のこと、旦那さんと娘に「今洗っている洗濯物を干しておいてね〜」と言い、私は出かけました。すると、私が家を出た直後に洗濯機が壊れてしまったそうなのです。しかも、すすぎ途中でとまり、扉も開かない状態。なんとか、扉は開いたけど、洗濯物は泡だらけ。そこから旦那さんがすべて手洗いで洗い直すことになりました。

外出先で連絡を受け、「なんでよりによって、私がいないときに壊れるの……」「旦

那さんに申し訳ない……」「２人の休日が台無し……」と暗い気持ちになりました。
こういう気持ちも罪悪感ですね。「あなたが悪い！」と誰からも言われてないのに勝手に自分を責めている気持ちです。

罪悪感は、自分を罰するエネルギーです。「罪悪感」の台本を持った人ほど自分を責めやすく、自分を幸せにする許可を自分に出せません。

幸せになりそうになると、無意識にブレーキをかけてしまう。顕在意識では「幸せになりたい！」と思っても、罪悪感のエネルギーはものすごく強いので、顕在意識の望みを全力で邪魔します。罪悪感が強過ぎると、自分らしい幸せ、豊かさは得られません。


台本は思い込みで現実ではありません。

誰もあなたを責めていない。幸せになったっていい。なのに、勝手に自分で自分を責めてしまう。

そして親が罪悪感を抱いてばかりいると、子どもも罪悪感を抱くようになります。

「お母さんがつらそうなのは、私がいけないのかな」「僕のせいでお母さんは困っているのかな」と思うようになります。「罪悪感」の台本は、親、子どもへと受け継がれてしまう強力な台本です。

子どもの幸せのためにもお母さん自身の罪悪感を手放して、幸せになることを許可してほしいのです。

もし罪悪感を抱くことがあったら、どうかその奥を見てください。実は罪悪感の奥には、「愛」があります。私たちはいつだって愛を選択できるのです。

遅い時間に娘が、迎えに来てくれたのは娘からの「愛」です。
罪悪感に苦しむより、娘の「愛」を受け取る。

旦那さんが洗濯を頑張ってくれたのも「愛」です。
罪悪感に苦しむより、旦那さんからの「愛」を受け取る。

親として、妻として愛を与えることばかり考えてしまいがちですが、家族からの愛をしっかり受け取ってみてください。そうすることで、潜在意識に書き込まれた罪悪

感の台本は徐々に消えていきます。

親がイキイキ輝くと、子どももイキイキ輝く

あなたに忘れないでいてほしいことがあります。

それは、あなたは親である前に、ひとりの人間であるということです。

子どもに才能・強みがあるように、あなたにも才能・強みが授けられています。

子どもにセルフミッション、ソーシャルミッションがあるように、あなたにもミッション、使命があります。

子どものことはもちろん大切ですが、その前にあなた自身を大切に、あなた自身を満たすことを忘れないでください。


親は子どもにとって、夢と才能に生きる一番身近なロールモデルです。

親自身が自分の才能を活かしながら、夢に向かいイキイキと生きる姿を見せることで、子どもも自然と自分の才能を活かしながら、夢に向かおうとします。

「いきなり夢と言われても……」と思う方もいるでしょう。壮大な夢でなくても、普段の小さなことで構いません。自分がやってみたい、小さくても心地好いと思う欲求を満たすところからでOKです。

なぜなら、親、特にお母さんたちは日常の小さな欲求を満たすことすらできていないことが多いからです。

子どもが優先で自分のことがあと回し、もしくは自分のことはほったらかしになっていませんか？ 自分の欲求や気持ちを抱え込んだり、「自己犠牲」の台本がある方は特にそうなりやすいです。

自分の食事は、立ったまま。
自分が食べたいものより子どもが食べたいもの。
眠りたいときに眠れない。
トイレに行きたいときに行けない。
着たい服よりも、汚れてもいい、動きやすい服を着る。
毎日の衣食住のことすら、自分の欲を満たせていないお母さんが多いと思います。

「夢」とは、自分がやりたいことです。

毎日の生活の中で、まずは自分のやりたいことを少しずつ満たしていってください。

『子ども未来がっこう』の授業で、シャンパンタワーのお話をします。

シャンパンタワーとは、グラスをピラミッド状に積み重ねて、一番上からシャンパンを注いで、下のグラスまで順に流れ落ちる様子を見せる演出です。

「シャンパンタワーで一番最初にシャンパンが満たされるグラス、つまり一番上のグラスは、『子ども、家族、社会、自分』のうち誰のグラスだと思いますか？」

この質問に対する答えで一番多いのは、「子ども」です。

子ども、家族、社会の順で、自分は下のほうと答えられる方が圧倒的に多いです。

子どもや家族のことを優先して、自分のことはあと回しになっているということです。

シャンパンはグラスから溢れた分しか下に入りません。自分のグラスの中が空っぽなのに、他のグラスを満たすことはできません。お母さんはその状態です。空っぽに近い状態なのに、他を満たそうと頑張っています。

空っぽだとイライラしやすいし、疲れやすくなります。ちょっとしたことで、子どもにイライラしたり、落ち込んだりしやすくなります。

親、特にお母さんのグラスは一番上でいいのです。

自分の小さな夢、やりたいことをやって自分の心のグラスを満たすこと。グラスがいっぱいになると自然と溢れ出し、下のグラスにも溢れ、結果、まわりのみんなが満たされるようになります。

頑張って、一生懸命やってあげなくても、あなたがあなたを満たすだけで、自然と溢れていきます。

子どもはお母さんが笑顔でいてくれるだけで、幸せです。あなたを笑顔にさせることが彼らの最初のミッションです。自分最優先で満たして笑顔になりましょう。

お母さんも強みを活かす

子どもの才能・強みを引き出すサポートは親の役割のひとつだと思いますが、子どもだけでなくお母さん自身の才能・強みも見つけていきましょう。

あなたの強みは何ですか？

どうですか？　すぐ出てきますか？

第4章でお伝えしたとおり、他人との比較や評価ではありません。あなたが当たり前にできる、呼吸をするのと同じように無理なく自然にできるものの中に強みはあります。当たり前過ぎて、わからなくなりますね。

そんな強みを見つける手がかりを探る質問があります。

①あなたが好きなことは何ですか？
時間も忘れるぐらい夢中になることは何ですか？
なぜそれが好きですか？
どうして夢中になるのでしょう？

好きで夢中になるものの中に強みはあります。強みを発揮しているときは、エネルギーも高く、集中して行うことができます。

②あなたが困難や問題を乗り越えた経験を教えてください。なぜ乗り越えられたのですか？　理由や要因を教えてください。

困難や問題を乗り越えているとき、強みを発揮しています。逆を言えば、強みを発揮しているから乗り越えられるとも言えます。その理由の中に強みがあります。

③あなたの理想の人、憧れの人は誰ですか？
どんなところに憧れていますか？
どうしてそのようになりたいのですか？
どんな影響を受けていますか？
その人の中で真似したいところはどんなところですか？

理想や憧れの人はあなたの潜在的な力を見せてくれている人です。理想や憧れの人の特徴は、あなたの中にある潜在的な力、強みの種です。意識的にその強みを使えば、強みの芽が出るでしょう。

④あなたが時間やお金を費やしたことは何ですか？
なぜ、そんなに時間やお金を費やしたのですか？
時間やお金を費やしてあなたが得たものは何ですか？

時間やお金を費やしたものは、あなたが力を注いだもの、関心があったものです。
それを追求すると強みとして活かすことができます。

⑤よくほめられることや頼まれることは何ですか？
なぜ、ほめられたり、頼まれると思いますか？
まわりの人はどんな強みを評価していると思いますか？
あなたはどんな貢献ができていると思いますか？

あなたの強みだからこそ、人から頼まれたり、評価されるのです。自分よりも他人のほうが、強みによく気づきます。自分では思っていなくても、素直に受け止めると強みを見つけられ、活かすことができます。

私たちは無意識に強みを使っていることが多いです。無意識に使うよりも、意識して使ったほうが、強みはより効果的に使えるようになります。

それでも、強みが見つからない場合、弱みから見つけていきましょう。

弱みと強みは表裏一体、コインの裏表にたとえられます。

見方、視点を変えれば弱みは強みに変えることができます。それを心理学では「リフレーミング」と言います。リフレーミングとは、視点やとらえ方を変えることです。

弱み：「暗い」↓強み：「思慮深い、落ち着きがある、聞き上手」

弱み：「反抗的」↓強み：「意志がある、自己主張ができる、自分がある」

弱み：「すぐキレる」↓強み：「感情豊か、素直、熱い」

これをお伝えすると「ただの言葉遊びじゃないですか」と言われる方がいますが、言葉が重要です。言葉を通してセルフイメージが作られます。子どもがどのようなセルフイメージを持っているかによって、行動は変わります。

このセルフイメージが変わったことで、激変したケースがあります。

Aさんは、とても心配性で、あれこれ考え過ぎて何をするにも遅い人でした。

Aさん自身それを弱みと認識し、なんとか改善しようと努力していましたが、まったく直りません。

ですが、リフレーミングで視点を変えたAさんは、「自分は心配性ではなく、他者への優しさ、気づかい、そして危機管理能力がある」ということに気づき、そのセルフイメージが養われ、自信を持てるようになったのです。

物事にはすべて2つの側面があります。弱みに注目するか、強みに注目するか、それはあなた次第です。やってはいけないのは自分の弱みをなくそうとすることです。弱みと強みは表裏一体ですから弱みをなくすと、同時に強みもなくなります。

弱みはなくそうとするのではなく、リフレーミングして強みとして活かしましょう。そして弱みを思い切って認めてしまうのも手です。弱みを認めることは自分の強みを際立たせること。そして、周囲の人の強みを活かすことにつながります。

私は、そそっかしいという弱みがあります。娘の幼稚園の準備も忘れ物が多いです。「ごめんね。お母さんやること速いけど、おっちょこちょいだわ～」と弱みを認めると、娘は「そうだね、おっちょこちょいだね。私が助けてあげる」といって、カバンの中身を自分で確認するようになりました。

「ありがとう～助かるよ」と言うと、「おっちょこちょいのおかあちゃんも大好きだよ」と言ってくれます。

完璧な親はいません。親にも弱みがあります。それを隠そうとせず、弱みを見せることで子どもの強みを引き出すこともできますし、子どもに「弱みを見せてもいいんだよ」と教えることができます。弱みはいけないものではなくて、弱みは助け合い、互いの強みを活かし合うすばらしさを家庭内で教えることができます。

『子ども未来がっこう』先生体験記

「家族ごっこから、才能を活かし合える家族へ」

堀江絵里子

私は『子ども未来がっこう』認定講師2期で、ほりえり先生として活動している堀江絵里子といいます。

小学校3年生の息子、幼稚園年長の長女、3歳の次女、営業職で多忙な夫と名古屋市緑区で5人暮らし。長男の出産時に仕事を辞めてから、3歳神話を信じてずっと専業主婦でしたが、名古屋市の第3子保育料無料とまわりのママたちが働きはじめた影響もあり、長男が小学校に入学、長女が入園する年に、末っ子をはじめて保育園に預けてパートを見つけました。

私の人生が大きく変わりはじめたのは、社会復帰をしてから1年がたったころ、『子ども未来がっこう』に出合い、学校では教えてもらえなかった魔法の授業を知ってからです。

私にとってひとつ目の魔法は「お母さんが才能を活かし、夢を持って生きる」という教えです。お母さん自身が心のコップを満たすのが一番先と言われるのです。「自分を犠牲にしても家族に尽くすのが母」という台本のあった昭和生まれの私には衝撃で、自分のことと捉えられませんでしたし、夢なんてかなわないから夢だと思っていました。

そのころの私は完全にワンオペでした。家計・家事・3人の育児と夫の支度までして、なんとか回している状態で仕事もはじめたので、学校や園からのお知らせが溜まったり、部屋が散らかったりと、思いどおりになるはずのない現状にイライラし、子どもに怒りをぶつけたり、よく自己嫌悪になっていました。

人に頼るのも苦手で、やることを抱え込み、自分を追い込みがちだったのです。お母さんである自分を責め、毎日追われる子育てに嫌気がさしても、子どもたちは待ったなしで逃げ場はありません。

そんな状態でも、気にするのは、人からどう思われるかで、いつもまわりの家庭と比較して落ち込み、孤独な「孤育て」をしていたのでした。

長女の私は、お母さんの顔色をうかがって育ちました。その影響か人生の台本の「人に迷惑をかけてはいけない」が強く、まわりの人を優先し、自分の気持ちは見て

見ぬふりをしていました。人を優先するあまり、自分が何を好きで、何を望んでいるのかさえわからない状態でしたが、人生の台本を知ることで、否定的な台本も自分を責めることなくありのままを認めて受け入れられるようになり、少しずつ自分を取り戻していきました。

２つ目の魔法は、「子どもは、お母さんを選んで生まれてくる」という話です。子どもたちがそれぞれの夢と才能を活かせるようにサポートするのが親の役割と言われます。

私の元へやってきてくれた子どもたちに感謝をするとともに、強みに注目し伸ばしていくという視点に転換できたことで、子どもとかかわることがどんどん楽しくなりました。

しかし、自分や子どもたちの変化によって、夫との関係に違和感を覚えはじめました。

私には「妻は夫を立てるべき」という台本があり、自分を抑えて、幸せを演じる家族ごっこをしていただけだと気づいたのです。

受動的だった私が自分の強みを知ることで徐々に自信をつけ、主張しはじめたので、衝突が絶えなくなりました。激しく傷つけ合ったし何度も離婚の話になりました。

そのたび、想いを話し合い、人生の台本の違いが見つかり、お互いの理解を深めることができました。

時間はかかりましたが、今ではコミュニケーションをよく取り、お互いの強みを認め、活かし合うパートナーシップを築けていると感じます。ワンオペは変わらないのですが、家族との時間が濃くなり、「孤育て」ではなくなりました。

この短期間の自分と家族の変化は私も信じられないほどです。私は、自分の気持ちに気づき、まず自分の心のコップを満たせるようになり、その結果、家族とも信頼し合え、お母さんになってはじめて持つことのできた、自分の夢や目標に向かって主体的に行動するようになり世界が広がりました。

この本を読んでくださった方にも、ぜひ実際に体験していただきたいです。

才能を活かし合える家族が増えるように、私も活動していきます。

「願いがかなったきっかけは、小さな成功体験」

吉田淑恵

娘が小学４年生のとき、担任の先生に「この子は劣等感が強過ぎる」と指摘されました。親バカかもしれませんが、かわいくて何でもよくできるのに自信がないなんて、すぐには信じられませんでした。

私は原因を知りたくて、育児書を読み漁りました。すると、どこを見ても書いてあるのは「自信のなさや自己肯定感の低さは、幼少期に怒られ過ぎたことが原因」ということ。

そのため、受講前は、子どもに自信を取り戻させたいという焦りと、怒り過ぎてしまった自己嫌悪でいっぱいでした。そこから『子ども未来がっこう』に出会いました。娘の変化のきっかけは、１本の割り箸でした。

親子クラスの中に、割り箸をカードで切るというイメージトレーニングのワークがあります。一見すると、硬い割り箸を柔らかい名刺のようなカードで切るなんて、できっこないと思います。

ところがです。その場にいた10人ほどの子どもたちの中で、娘が一番に成功しました。切った瞬間、きっと本人が一番びっくりしていたのでしょう。一瞬で顔がぱっと明るくなりました。

そこからは割り箸を2本に増やしても成功。先生から「カードじゃなくてティッシュでも切れるよ」と、声をかけていただき、小さく折り畳んだティッシュでも成功。「もう1回、もう1回」と、できることが楽しくて止まりませんでした。

受講後、娘には大きな変化が2つありました。

ひとつ目は、水泳の記録が伸びたこと。当時通っていたスイミングスクールでの基準タイムがクリアできず、1年8か月もの間〝3秒の壁〟に泣かされてきました。

割り箸切りで体験したイメージの力を使って、基準タイム内にゴールできるイメージトレーニングをして挑んだ進級テスト。明らかにいつもとは違う速さで泳いでいました。結果は4秒も縮めて合格。

2つ目は、勉強にやる気が出たこと。自分から中学受験をしたいと言い出したのに、なかなか勉強のエンジンはかからず、やる気のない受験生でした。いざ勉強をはじめても、わからない、もういやだ、どうせ受からないし、と口癖のように言っていたの

に、合格するイメージができるようになってからは、自分から最後まで取り組めるようになりました。

自信を取り戻すために、何でもいいので成功体験を、というのはよく耳にします。このイメージトレーニングの授業で感じたことは「成功体験は、本当に何でもいいんだ」ということ。割り箸を切ることは実際には役に立たない技術かもしれませんが、自信を取り戻すにはとても大きな意味がありました。

はじめは、先生として講座を開こうとは思っていませんでした。娘にとても効果があったので、コーチングや潜在意識教育について、もっと詳しく知りたい、先生レベルまで深く知りたいという思いから、認定講師講座を受講しました。

ところが、親子クラスを受講したときのことや、認定講師講座を受講している様子を友だちに話したところ、私も受けたい、うちの子にも受けさせたいという声をたくさんいただいたのです。

この知識を自分のものだけにしておくのはもったいないと感じました。

私が講座を開くことで、以前の私のように、もう怒りたくないお母さん、自信のないわが子を見て罪悪感に苦しんでいるお母さんが楽になるお手伝いができるのではないかと思い、講座を開くようになりました。

先生としての活動は、自宅での親子クラス、マンツーマンのお母さんクラスの他に、小学校や幼稚園でのＰＴＡ主催の講演会でお話をしたり、地元の情報誌で子育てコラムの連載をしています。

講座を開くたびに新しい発見や気づきがあり、少しずつではありますが成長している自分を感じることができます。

私は、先生をしながらも軸足は〝お母さん〟なので、先生として得た知識が自分の子育てに活かされていることを痛感します。

子どものいい面、強みを見ることができるようになり、怒りの感情がわくことが格段に減りました。ありのままの子どもの姿を受け入れられるようになったのです。

たくさんの学びが腹落ちしたことにより、子育て以外のことでも寛容になり、とても楽に日々を過ごしています。

「理念への共感」

岩本真弓

「才能を活かし合う社会に、才能を分かち合う世界に」。『子ども未来がっこう』のこの理念を見たときに、私は心打たれました。

その社会を一緒に実現したいと強く感じ、『子ども未来がっこう』の授業を受けるよりも早く、衝動的に講師となることを決めたのです。

兵庫から名古屋への1年にわたる学びは私にとって大きな冒険でした。

『子ども未来がっこう』で出会った同じ理念に向かってともに学ぶ仲間たちとの時間は、自分自身の心と深く対話する時間であり、なぜ、こんなにもこの理念に共感するのか、私にできることは何なのかを問い続ける時間でもありました。

私には、学校に行っていない中学生の娘がいます。学校に行っていないことで、気の毒に思われたり、問題だと捉えられたりすることは多いです。

そんな中で私たち親子は不登校に罪悪感を持たない、「明るい不登校スタイル」で過ごしています。行かないことも選択肢のひとつと捉えて、明るく前向きに過ごしているのです。

「明るい不登校スタイル」を採用している理由は、本当に大切なことは学校に行っているかどうかではなく、子ども自身が将来に希望を持ち、夢に向かって自ら進んでいく力をつけていくことだと考えているからです。

既存の大きなレールに乗らず、道なき道を進むことは厳しい側面もあります。それも分かった上で今の生活の先にある未来に希望を見出しているのです。

子ども自身が夢を見つけ、夢に向かって進むとき、学校に復帰するかもしれないし、学校以外の方法を選ぶかもしれない。方法は１００万とおりあるのです。親である私たちが１００万とおりのどの方法も応援できる柔軟さを持っていれば、子どもたちは安心してチャレンジしていけると思うのです。

『子ども未来がっこう』で母親自身が夢を持ち才能を活かして生きることを学ぶ中で、私は、自分の役割を考えるようになりました。娘が不登校になったことで、もがき、葛藤した日々はとても貴重だと気づいたのです。そして、不登校で不安の中にいるお母さんたちが集える場所を作りたいと思うようになりました。

今、「明るい不登校ママの会」と名づけた会を地元兵庫県加古川市で不定期開催しています。同じ境遇のお母さんたちが集い、不安を吐き出し、共感し、励まし合い、より良い毎日にするための工夫や考え方を分かち合い、多岐にわたる話題で交流を深めています。

本音で話せる仲間がいる安心感に加え、お母さんや子どもたちが、『子ども未来がっこう』を知ることが、自信の回復になり、夢に向かう前向きな力になると実感しています。


2018年6月に、子どもの幸福度世界1位（ユニセフの調査による）の国オランダへ学校視察に行きました。

日本とは何が違うのか、実際に見てきました。驚くべきことに、オランダの小学校では、『子ども未来がっこう』がすでに教育のベースとなっていたのです。

子どもたちはみんな才能を持って生まれてきていて、学校はその才能を見つけ、伸ばしていく場所である。先生たち自身も得意なことを活かし合って子どもたちとかかわっている。それがオランダの教育のスタンダードだったのです。

オランダで実現しているのだから、日本でもできる。日本で『子ども未来がっこう』が広まり、家庭と教育の両方から浸透することで、才能を活かし合う社会、才能を分かち合う世界は実現する。その未来を私はオランダで見ることができました。

私のこれからの大きな夢は、教育現場と家庭へ『子ども未来がっこう』を広く深く浸透させ、教育のベースにしていくことです。夢に向かい、一歩ずつ進んでいきたいです。

おわりに

私がこの本を通して一番お伝えしたいことは「心配しなくていい」ということです。『子ども未来がっこう』のクラスで読んでいる「心の中の魔法のランプ～夢と才能のお話～」という紙芝居があります。

お話のなかで子どもたちは生まれる前、夢の国の神様と地球で何をするか「夢」を約束してから来ます。神様は夢をかなえるための才能を授けてくださいます。そして夢をかなえるのを応援してくれるお母さん、お父さんを選び、夢をかなえる最適な環境を選んで生まれて来るという紙芝居です。

このお話を軸に『子ども未来がっこう』の授業は行われます。

大前提として、子どもたちはみんな夢を決めて来ているということ。そして才能を授けてもらっているということ。これが前提であるということは、自然と子どもたちは才能を活かし、夢をかなえられるということです。しかし、ネガティブな台本によって、その才能が閉じられ、夢をかなえようにもかなえられなくなってしまうのです。

もう一度言いますね。

「心配しなくていい」

子どもたちは夢の神様との約束を忘れているように見えても、潜在意識の中でちゃんと覚えています。

親ができる本当のサポートは心配するのではなく、子どもたちが持って生まれた才能を活かせる台本を作ることと、子どもの才能を引き出すことです。

「この子はどんな夢を約束してきたのかな?」「この子はどんな才能を授けてもらったのかな?」と好奇心を持ってかかわってほしいのです。子どもへの絶対的な信頼が安心感を生み、子どもの可能性の種から芽が出てすくすく育っていくでしょう。

『子ども未来がっこう』は今、東海地区を中心に、北海道、関東、関西、四国、上海で先生方(認定講師)が講座を開催しています。先生は、みんな最初は受講者さんでした。受講して、「もっと子どもたちに広めたい」「自分の才能を活かしたい」と先生になられました。『子ども未来がっこう』が全国、海外にも広がっていったのは子どもも先生たちのおかげです。執筆に際し、リアルな体験談をお聞かせいただき、ありが

とうございました。

特別な教育をしなくても、身近な大人が夢と才能に生きていれば自然と子どもは育っていきます。私たち大人が夢と才能に生きること。これが子どもたちにできる最高の教育ではないでしょうか。

本を執筆するにあたり、編集の有園さんには『子ども未来がっこう』のメソッドの効果を実感していただき、読者の視点で原稿を読みアドバイスしてくださいました。

そして、いつも私を応援してくれている家族。この本を通して、子どもとのかかわりをあらためて振り返り、子どもへの愛情、家族との関係性が深まりました。私もまだおかあさん5年生。未熟な点は多々ありますが、そういう自分も受け入れ、プロセスを楽しみたいと思います。

お互いの才能を活かし合い、才能を分かち合い、夢と才能に生きる人たちで溢れる世界になることを願って。

子ども未来がっこう主宰　齋藤直美

著者略歴

一般社団法人子ども未来がっこう主宰。一九七四年、愛知県に生まれる。二〇〇六年、株式会社ミュゼ設立。心理学、脳科学、潜在意識の特性を活かしたオリジナル研修プログラムを展開し、大手企業、官公庁の人材育成、組織活性化の研修を行い、五万人以上の人材教育に携わる。二〇一六年、潜在意識と子育ての関係をまとめたオリジナルメソッドを構築し、一般社団法人子ども未来がっこうを設立。〝潜在意識を味方につけ子どもが本来持っている才能、可能性を引き出す究極の子育て法〟を伝えている。これまで一〇〇〇人以上の親子が受講。その後、受験合格、優勝、成績アップなど、子どもたちの夢や目標がかなったというれしい知らせが絶えない。

著書には、『あたりまえだけどなかなかできない 叱り方のルール』（明日香出版社）、『叱り方ハンドブック』（中経出版）などがある。

◎（社）子ども未来がっこう
www.mirai-gakko.or.jp

「潜在意識」が子どもの才能を伸ばす

二〇一八年一一月九日　第一刷発行

著者　齋藤直美
発行者　古屋信吾
発行所　株式会社さくら舎　http://www.sakurasha.com
東京都千代田区富士見一-二-一一　〒一〇二-〇〇七一
電話　営業　〇三-五二一一-六五三三　FAX　〇三-五二一一-六四八一
編集　〇三-五二一一-六四八〇
振替　〇〇一九〇-八-四〇二〇六〇
装丁　アルビレオ
装画　イオクサツキ
編集協力　有園智美
印刷・製本　中央精版印刷株式会社

ISBN978-4-86581-173-5

C
D
A
B
ENGLISH
1+1=2
Y